知識ゼロからの

山歩き入門

小倉菫子
Nobuko Ogura

幻冬舎

はじめに

この本を手にしてくださったあなたへ「ありがとう」のひと言を捧げます。

これから山歩きに挑戦してみようという意気込みがあったからに違いありません。山を愛し、人を愛する仲間に出会えることが、私の願いです。

私はいつも「思い立った時が、新たなスタートの時」と信じ、未知への挑戦を続けてきました。失敗もありました。でもスタートしてみなければ、何も始まりません。

うれしいことはたくさんありました。私がいちばん辛いことは、大切な人を失うことですが、そんな時、私の傍らには私を愛してくださる人たちと山という大自然が、私を見守り、支えてくれました。私の宝ものなのです。

亡き父が、十二歳の娘を厳冬期の樹氷原へ「体で憶えろ」と、突き落とした親心が今、わかりかけてきました。これからが静春時代。命を大切に「生涯楽しむ山歩き」をめざしましょう。未知なる高齢化社会への挑戦です。

小倉《おぐら》 董子《のぶこ》

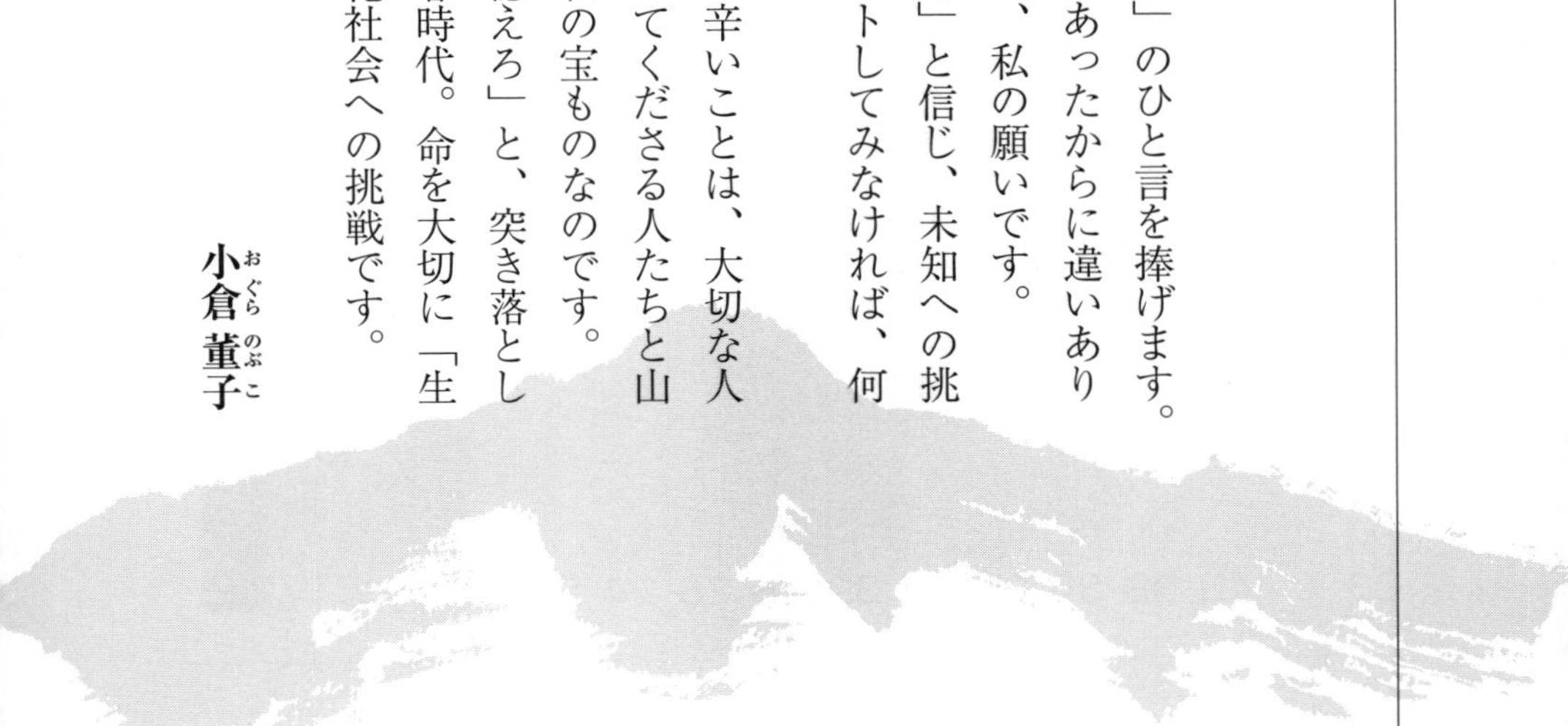

第1章

安全な山歩きは、地図を読むことから

地図にはいろいろな種類がある

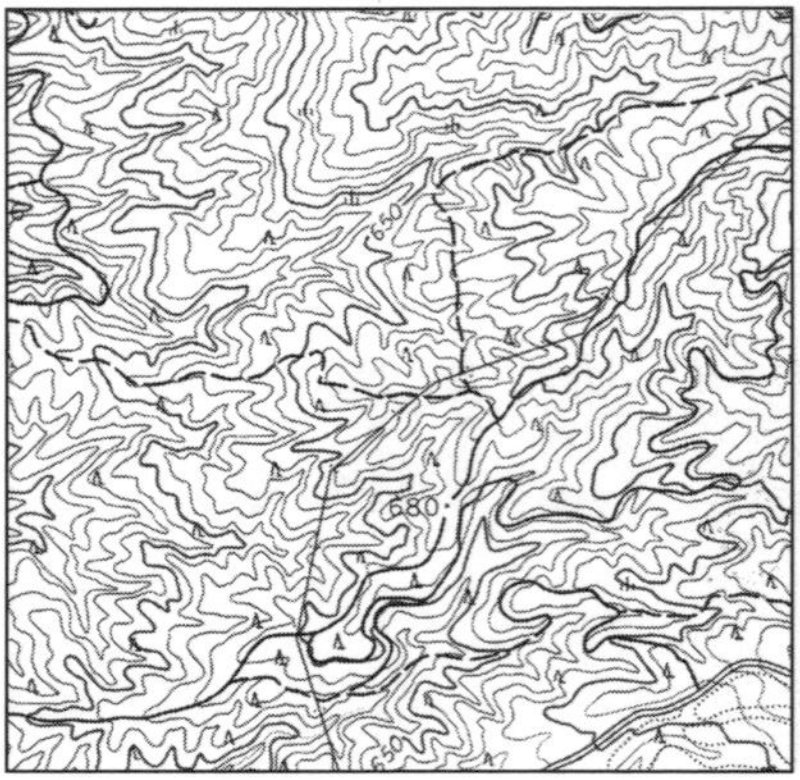

地形図

国土地理院発行の地形図。複雑な地形を等高線で図上に表現している。縮尺が2万5千分の1と5万分の1との2種類。登山には情報量が豊富で複雑な地形が読みとれる2万5千分の1を持参するのが基本。左は「国土地理院発行の2万5千分の1地形図（御殿場）」。

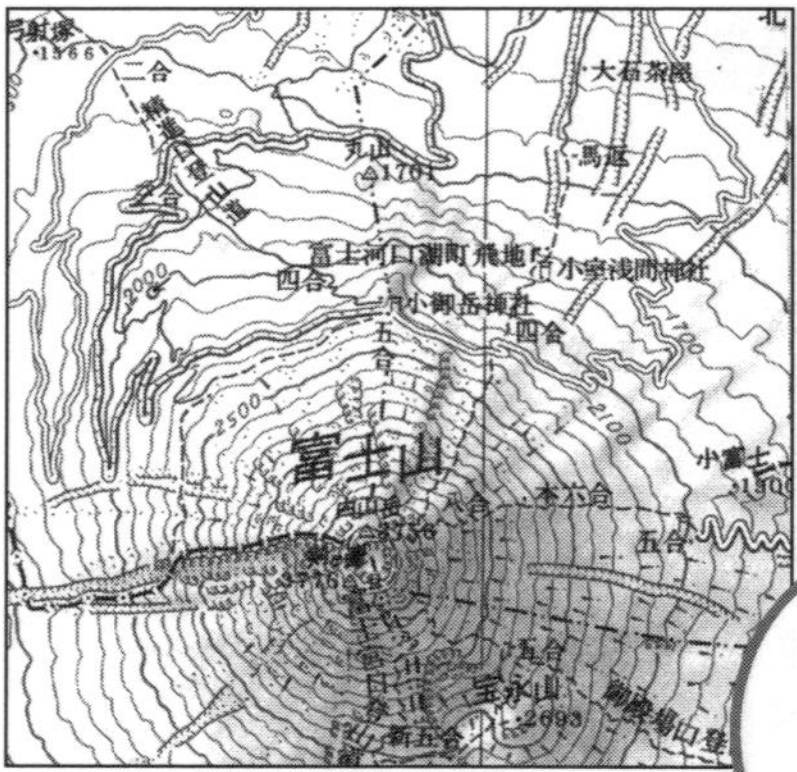

「国土地理院発行の２０万分の１地勢図（甲府）」

地勢図

国土地理院発行の地勢図は縮尺が20万分の1。1枚で2万5千分の1の地形図が64枚分ある。登る山周辺の地域を理解することができる。

迷ってから地図を出しては遅すぎます。地図の役割は、迷わないようにいつも現在地を地図上で確認することです。そのために必ず地図の種類から、読み方までを事前に知っておきましょう。

山のふもとから頂上までどうなっているのか、どうやって登っていくのかを教えてくれるのが地図です。

しかし、地図といっても地形図、地勢図、概念図、断面図、平面図など、いろいろな種類があります。目的と使い勝手で複数の地図を選んでおきましょう。

ここがポイント！

1. 目的に応じて地図を選ぶ
2. 地図から、山のイメージをつかむ
3. 山歩きには、地図を必ず持っていく

グッド・アドバイス!

よく知っている場所の地図で予習をする

いきなり、山の地図を読みこむのはむずかしいものです。自分の住む町や村、行ったことのある郊外の丘陵地帯などの地図を、まず購入してみましょう。

知っている場所を思い浮かべながら、または実際に歩きながら地図上で確認していきます。

そうすれば地図の記号が、頭の中で景色として組み立てられていきます。

概念図

水場
お花畑

地形に加え、山小屋やルート、水場など多くの情報が織り込まれている。山や地図専門の出版社や観光協会、地元山岳会などが発行している。地形図と照らし合わせながら見ると便利。選ぶときは縮尺に注意。

地図から、どんな山なのかイメージがわいてくるわ

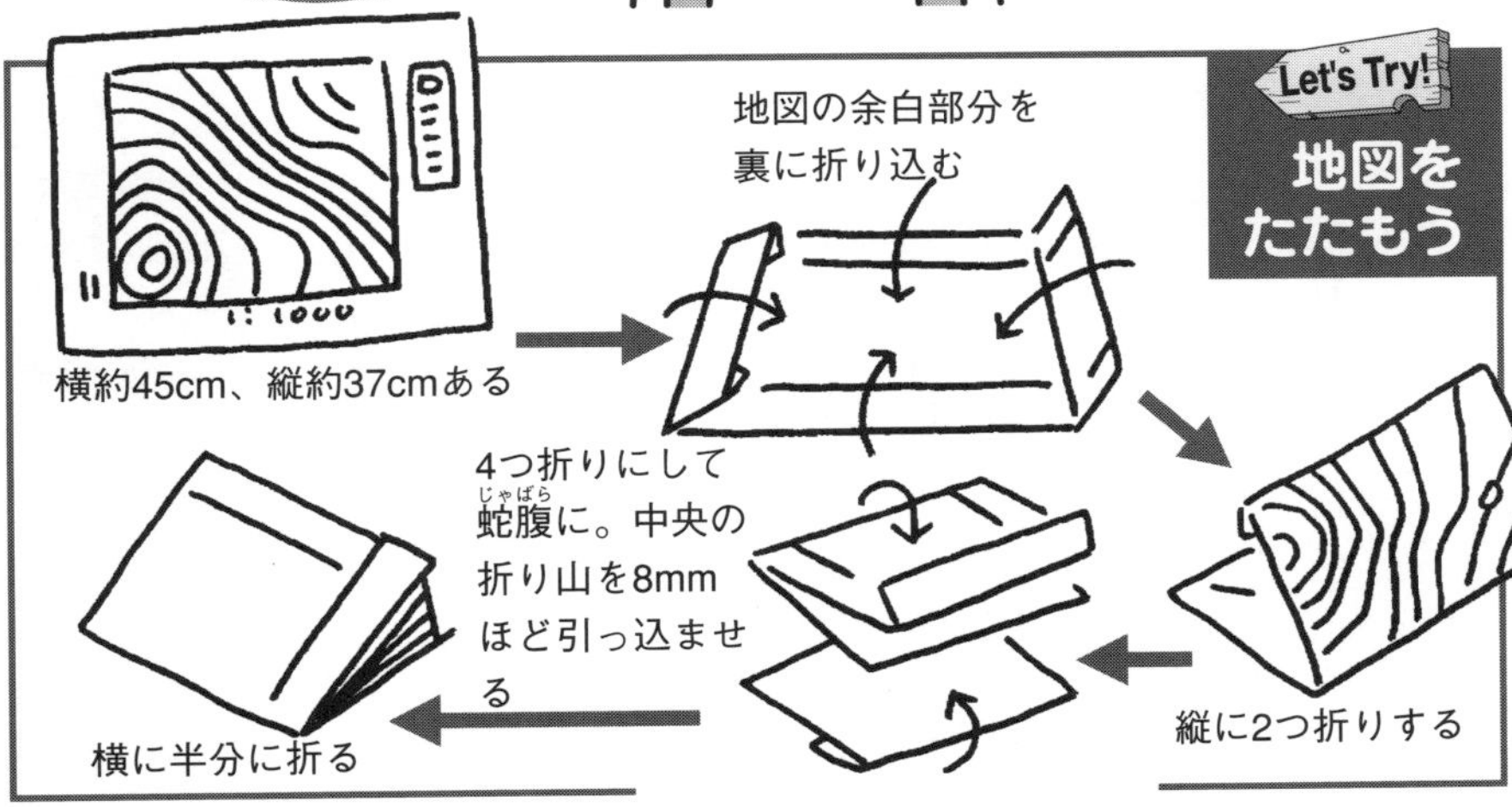
Let's Try!
地図をたたもう
1:1000
横約45cm、縦約37cmある
地図の余白部分を裏に折り込む
縦に2つ折りする
4つ折りにして蛇腹《じゃばら》に。中央の折り山を8mmほど引っ込ませる
横に半分に折る

山の地形の名前を知っておこう①

ここがポイント!

1 地図の記号を知る

2 山の地形の名前を覚える

コル（鞍部《あんぶ》）
稜線《りょうせん》が低くなったところで、馬に乗せる鞍のように見えることから「鞍部」とも言う。コルはフランス語が由来の登山用語。
尾根《おね》
稜線と同じ意味。「尾根づたい」、「尾根歩き」などと使う。
稜線《りょうせん》
尾根と同じ意味。「稜線づたい」、「稜線歩き」などと使う。山稜とも。
山腹《さんぷく》
山の頂上とふもととの中間の部分。

地図を用意したものの、山の地形の名前や記号の意味がわからないと、地図は読めません。まず、地形の名前や記号を覚えることから始めましょう。

2万5千分の1の地図には、右側に記号の解説がついています。道路の記号は幅の広さ別に違います。田、広葉樹林、はいまつ地、荒地などの記号も記されています。

次に山の地形の名前とその特色を覚えます。地図で地形を読みとり、それがどう呼ばれているかを知っておきましょう（P20参照）。

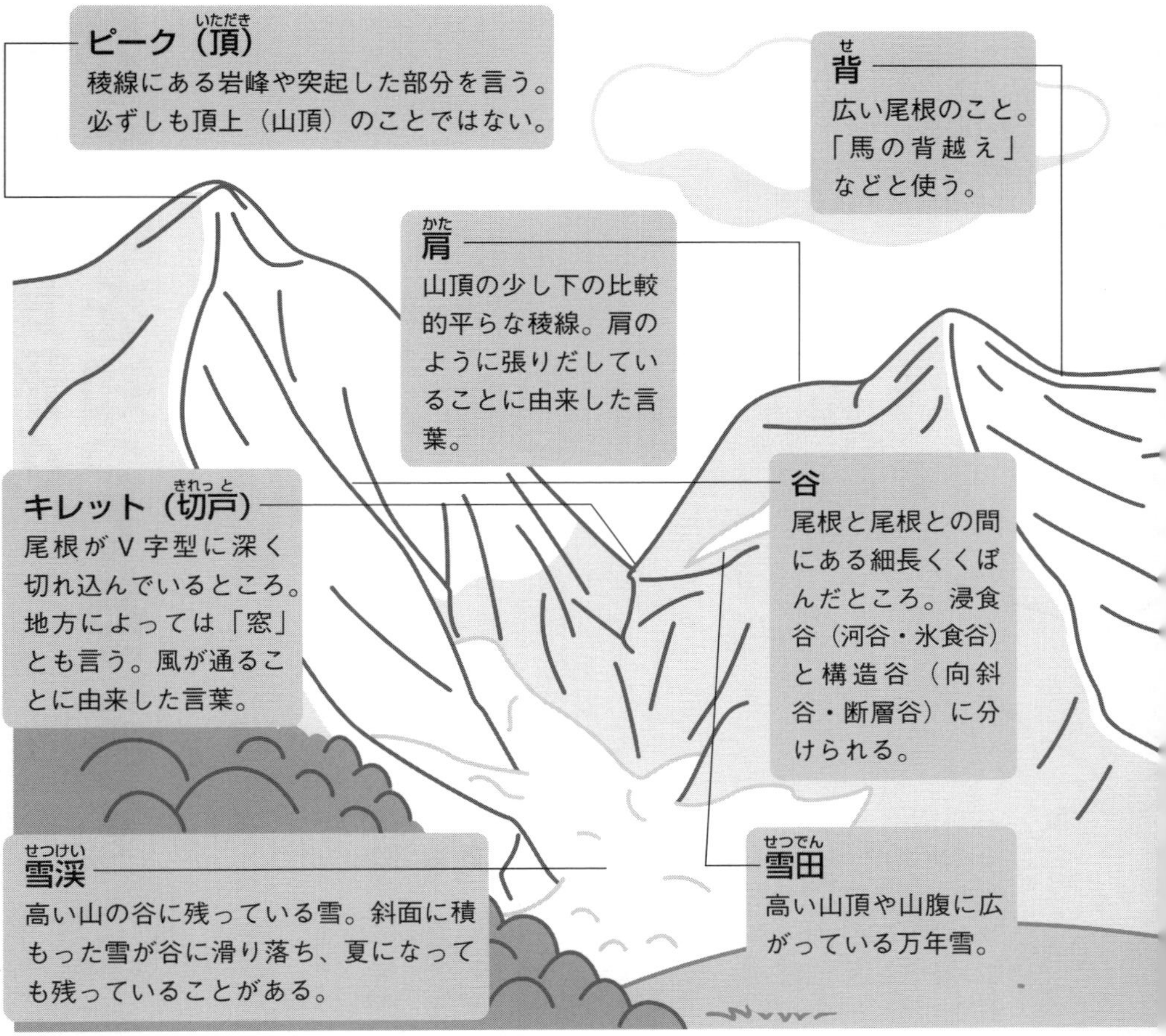
ピーク（頂《いただき》）
稜線にある岩峰や突起した部分を言う。必ずしも頂上（山頂）のことではない。
背《せ》
広い尾根のこと。「馬の背越え」などと使う。
肩《かた》
山頂の少し下の比較的平らな稜線。肩のように張りだしていることに由来した言葉。
キレット（切戸《きれっと》）
尾根がV字型に深く切れ込んでいるところ。地方によっては「窓」とも言う。風が通ることに由来した言葉。
谷
尾根と尾根との間にある細長くくぼんだところ。浸食谷（河谷・氷食谷）と構造谷（向斜谷・断層谷）に分けられる。
雪渓《せっけい》
高い山の谷に残っている雪。斜面に積もった雪が谷に滑り落ち、夏になっても残っていることがある。
雪田《せつでん》
高い山頂や山腹に広がっている万年雪。

なるほどコラム

山歩きにも、呼び方がいろいろある

山歩き　高さを求めずポピュラーな山から始める山登り。

ハイキング　野山を歩いて楽しむこと。戦前から使われていた。市町村と地元の山岳会とが協力をして、山とは縁のない人たちを集めて、近郊の山を歩いていた。

低山ハイキング　本格的な山でなく1000m未満の山を歩いて楽しもうというもの。

トレッキング　もともとは徒歩旅行の意。イギリスの登山家がヒマラヤの山に挑戦したとき、ふもとの村々を通り抜け地元の人々とふれあいながら、景色を楽しんだことに由来している。高山のふもとを歩いて風景を楽しむもの。

登山　より高く、より困難な山をめざす。高度な技術、メンタル面での強さ、チームワークが求められる。20kg程度の荷物は背負えるようになっておきたい。

山の地形の名前を知っておこう②

お花畑
高山植物の群生地帯。季節によって咲く。

カヤト
茅《かや》（屋根を葺くのに用いる草本、チガヤ、スゲ、ススキなど）が生えた山稜または山腹の傾斜面。

カール
氷河の浸食で山腹にできた半円形のくぼ地。圏谷《けんこく》とも言う。日本アルプスのものが知られている。ドイツ語が由来。

モレーン
氷河によって運ばれた岩くずが堆積、集積してできた堤防状の地形。堆石堤《たいせきてい》とも言う。英語が由来。

森林限界《しんりんげんかい》
高緯度地方や高山で、森林が生育する上限。本州の中部では 2400 ～ 2600m 付近にある。これを境に上が高山帯、下が亜高山帯になる。

木道《もくどう》
湿原の植物を保護するため、登山者が歩くように作られた木板の道。

ここがポイント!

1. 地図で地形名を確認しよう
2. 山歩き中にも地形と名前を確認していく

岩場《いわば》
岩が露出したところ。岩登りをするところ。幅が狭かったり、急な傾斜のガレ場があるので滑落や落石に注意する。

鎖場《くさりば》
岩場を登るために固定された鎖またはロープがある場所。

ガレ場
石の塊がある急斜面。土砂や岩石が露出、または堆積したところが崩壊し、崩れやすくなった場所。

右岸《うがん》・左岸《さがん》
川、谷の上流から下流に向かって右側が右岸、左側が左岸。下流から上流に向かっているときは、右側が左岸になる。

草つき
岩壁上部の急斜面や山稜、岩石地帯に見られる草生地。

徒渉《としょう》
地形の名前でなく、自力で川を渡ることを言う。川や谷に橋がない場合に行う。川の水深がひざの下くらいまでなら、徒渉可能。先人が浅瀬など渡りやすいところに石を積み上げているのを「徒渉点」と言う。

等高線を読みとる

ここがポイント!

1 等高線で山の外観をイメージする

2 等高線から断面図を描く

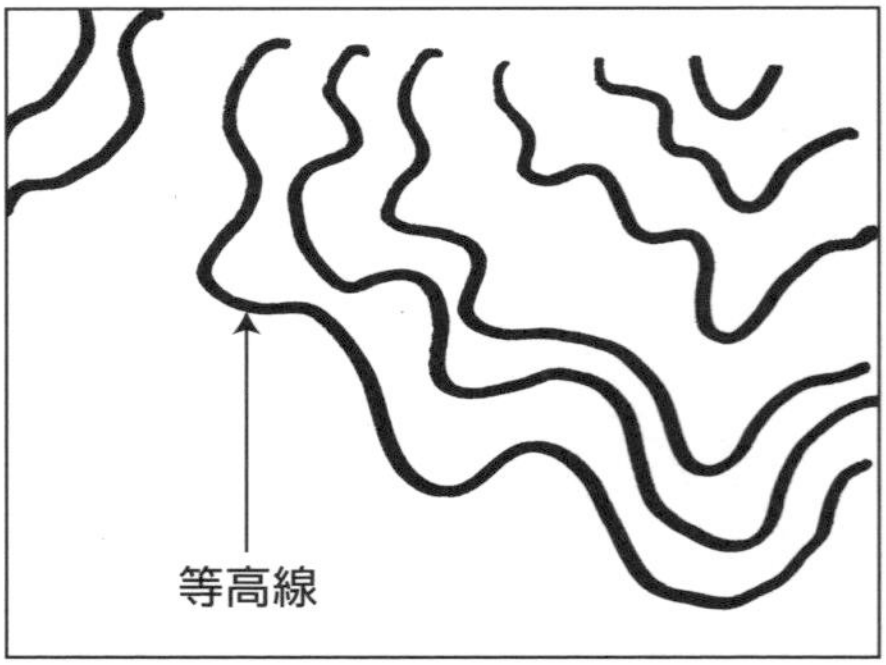

等高線で表した土地の傾き。等高線の幅が広いほど、土地の傾きはなだらか。幅が狭いほど、土地の傾きは急。50mごとに色を変えて塗り分けると、わかりやすい。

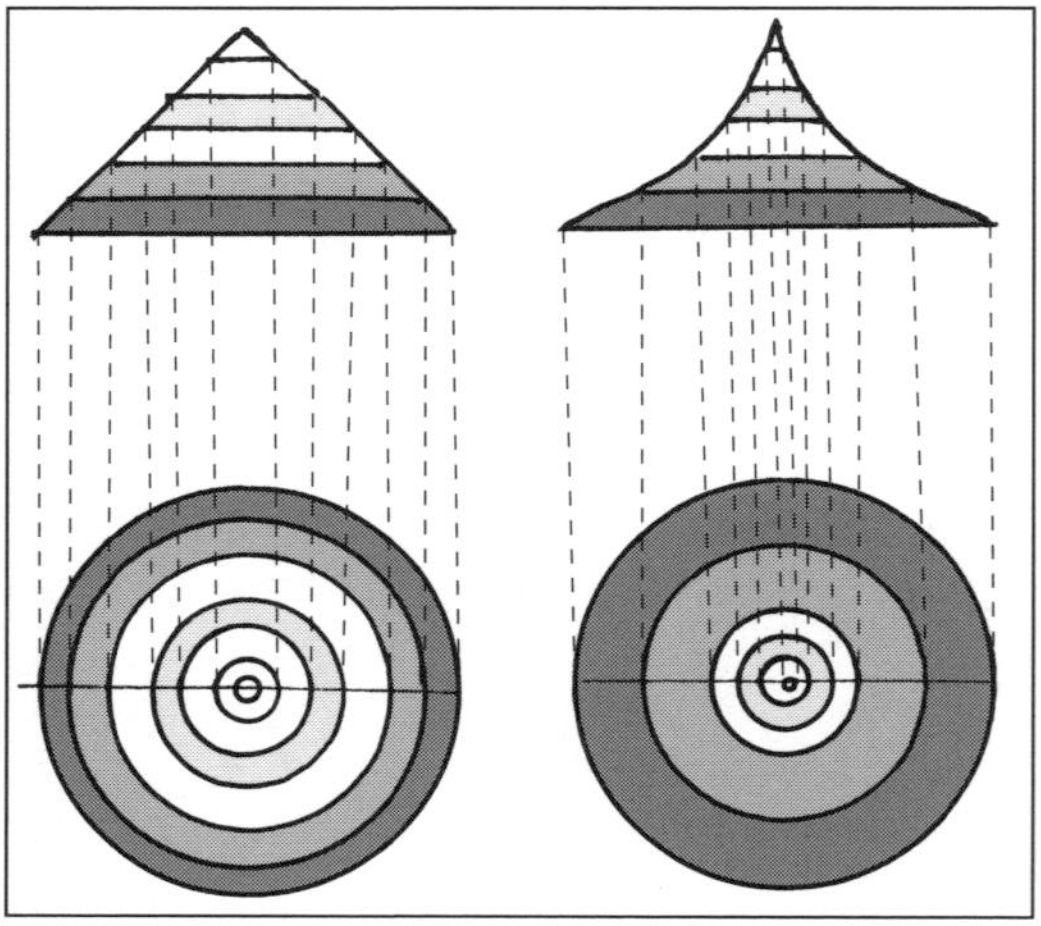

等高線は同じ高さの点をつないで描いた線。年輪のように高さの切り口を表している。

同じ高さの点を結んだものを、等高線と言います。地形図の上で、土地の起伏を正確に表すために用いられています。等高線の間隔は10ｍ（2万5千分の1地形図）、50ｍごとの線を計曲線、10ｍごとの線を主曲線と言います。

さらに緩やかな傾斜では、主曲線の間に補助曲線（間曲線、助曲線）をいれ、複雑な傾斜を表します。

等高線からは、山の傾斜や尾根筋、谷筋がわかり、山の外観をイメージすることができます。

等高線から断面図を描いてみよう

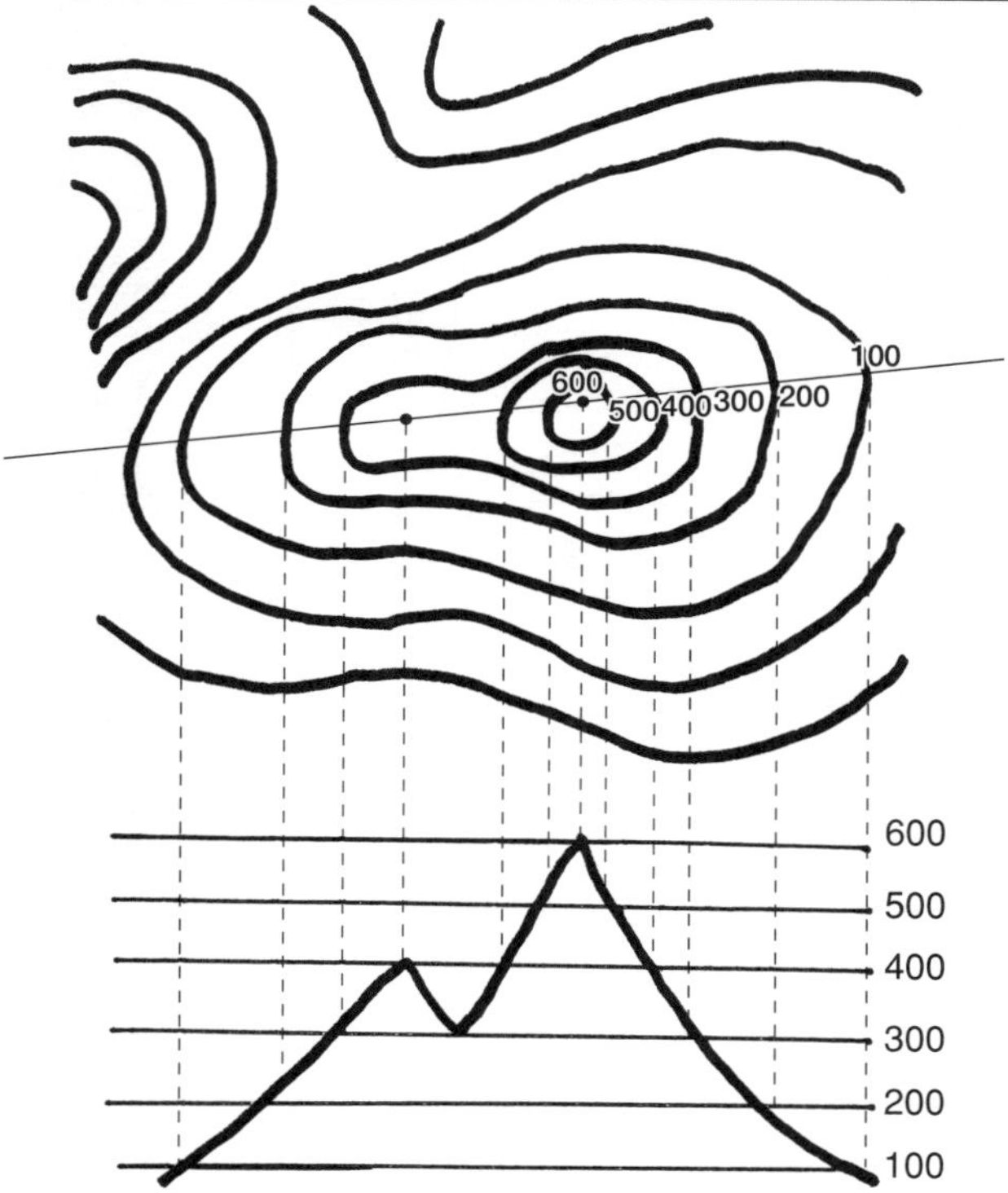

① 等高線の高さを縦軸にとる。頂上の高さを縦軸の最高値にする。

② 縦軸の目盛りは、等高線の主曲線（2万5千分の1地形図では10mごと）の値をとる。高い山の場合は計曲線でもよい。

③ ピークを結ぶ線をいれる。この線で切れる断面図を描きとる。

④ ③の線上の高さを下のグラフにおとしていく。

⑤ おとした点を結べば、山の断面図ができあがる。

なるほどコラム

等高線に尾根と谷を描き込んでみよう

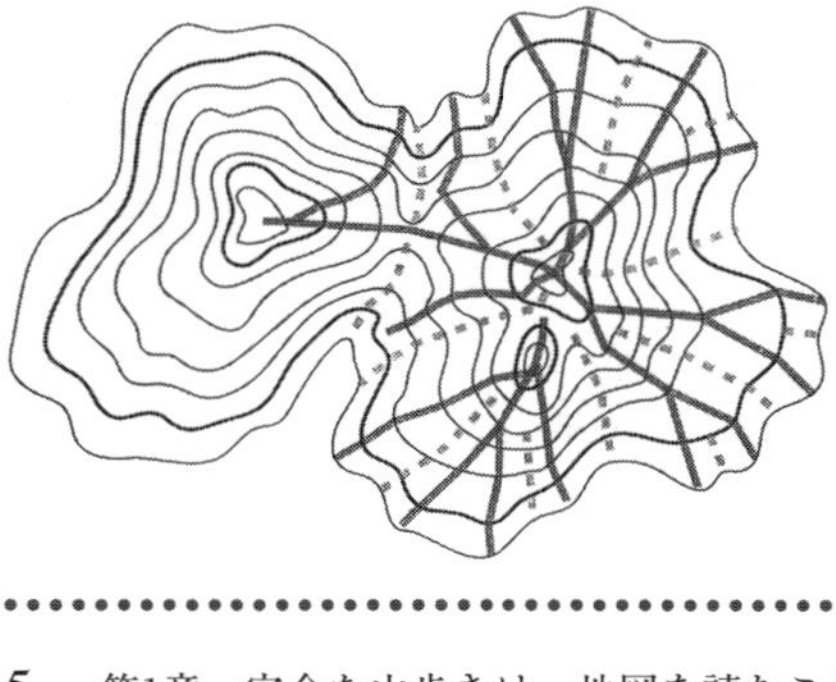

等高線で描かれた山に、尾根と谷を描き込みます。尾根を赤色の実線、谷を青色の点線などと、書き分けます。

山頂から山ろくに向かって、凸状に張り出している部分をつなぐと尾根が現れます。凹状にへこんでいる部分をつなぐと谷が現れます。

地形図で尾根と谷が確認できると、地図から山のイメージがつかめます。

自分の登山地図を作る

左の地形図に情報を書き込んでみよう

ここがポイント!

1 情報を地形図に書き込む

2 自分用に使い勝手を考える

国土地理院発行の2万5千分の1の地形図が基本ですが、ほかの地図の情報を積極的に活用しましょう。概念図やガイドブック、観光協会発行のマップを参考にし、基本の地形図に書き足していきます。どの資料も発行年月日を確認しておき、最新の情報を加えます。

駐車場、バス停、店やトイレ、水場など知っておくと便利な情報や、植物の分布、景色のよいポイントなども書き込みます。また、急斜面や岩場など危険な箇所や、予定登山ルート、エスケープルートも書き込んでおきましょう。

2万5千分の1の地形図に書いてみよう

「国土地理院発行の2万5千分の1地形図（御殿場）」

コンパスと地図から現在地を知る

カプセル

磁針が納められている部分。オイルが充塡《じゅうてん》されている。

度数目盛り

カプセルの枠のリングに、方位の度数目盛りが記されている。矢印を目標物にあわせるときはリングを回転させる。

進行線

目標にコンパスを向ける場合、この進行線のさす方向を前にしてかまえる。コンパスは水平に。

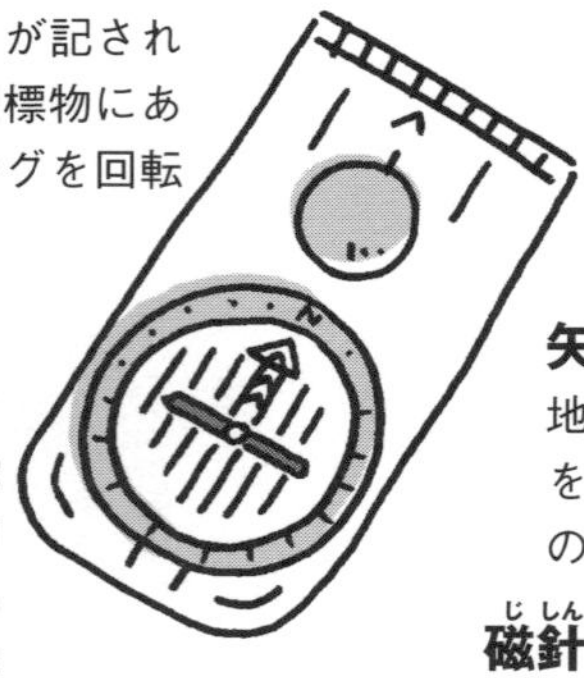

物差し《スケール》

地形図から距離を測定するために2万5千図用と5万図用の物差しがある。地形図上に線をひくときの定規としても使える。

矢印

地形図にのせて磁北線をあわせるときに、この矢印をあわせる。

磁針《じしん》

方位を示す針。赤い針が常に磁北をさす。

磁北と真北は違う

地形図の記号説明の下に「磁針方位は西偏約6°50′」などとあります。コンパスの磁針がさす北「磁北」と地図の北「真北」のズレ（磁針偏差）を表しています。地域によってこのズレは違うので、地図に記載されています。

地形図とコンパスで現在地を確認するときに、このズレを考えなければなりません。そのため前もって、地図に磁北を示す線「磁北線」を書き込んでおきます。

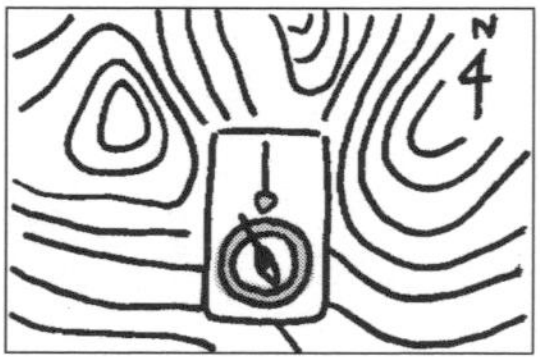

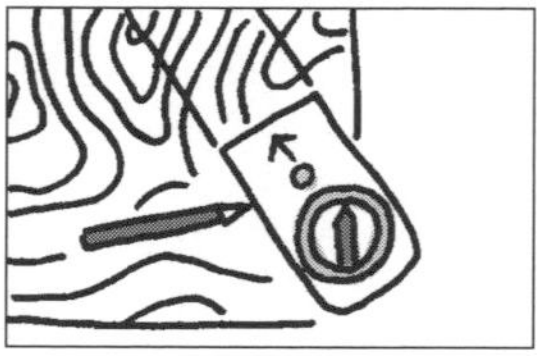

①西偏6°50′の場合、真北に対してコンパスを6°50′傾ける。コンパスの物差しで線を書く。

②書いた線に平行に、線を加えていく。

山歩きに、コンパスと地図は必需品のセットです。山の道しるべがある場所では、必ず地図で確認しましょう。道に迷っても、地図とコンパスで現在地が確認できれば、修正して正しい方向に進むことができます。

コンパスにはさまざまな種類が

ここがポイント！

1 まずは、近場で使ってみる

2 使いやすいように工夫する

あります。透明プレートつきのタイプは地形図の上で扱いやすく、便利。

いきなり山で使うのは不安なものです。登る前に、予行演習をしておきましょう。近所の地図とコンパスで、現在地の確認をしてみましょう。現在地の確認の仕方は上記を参照してください。

コンパスで現在地を確認する

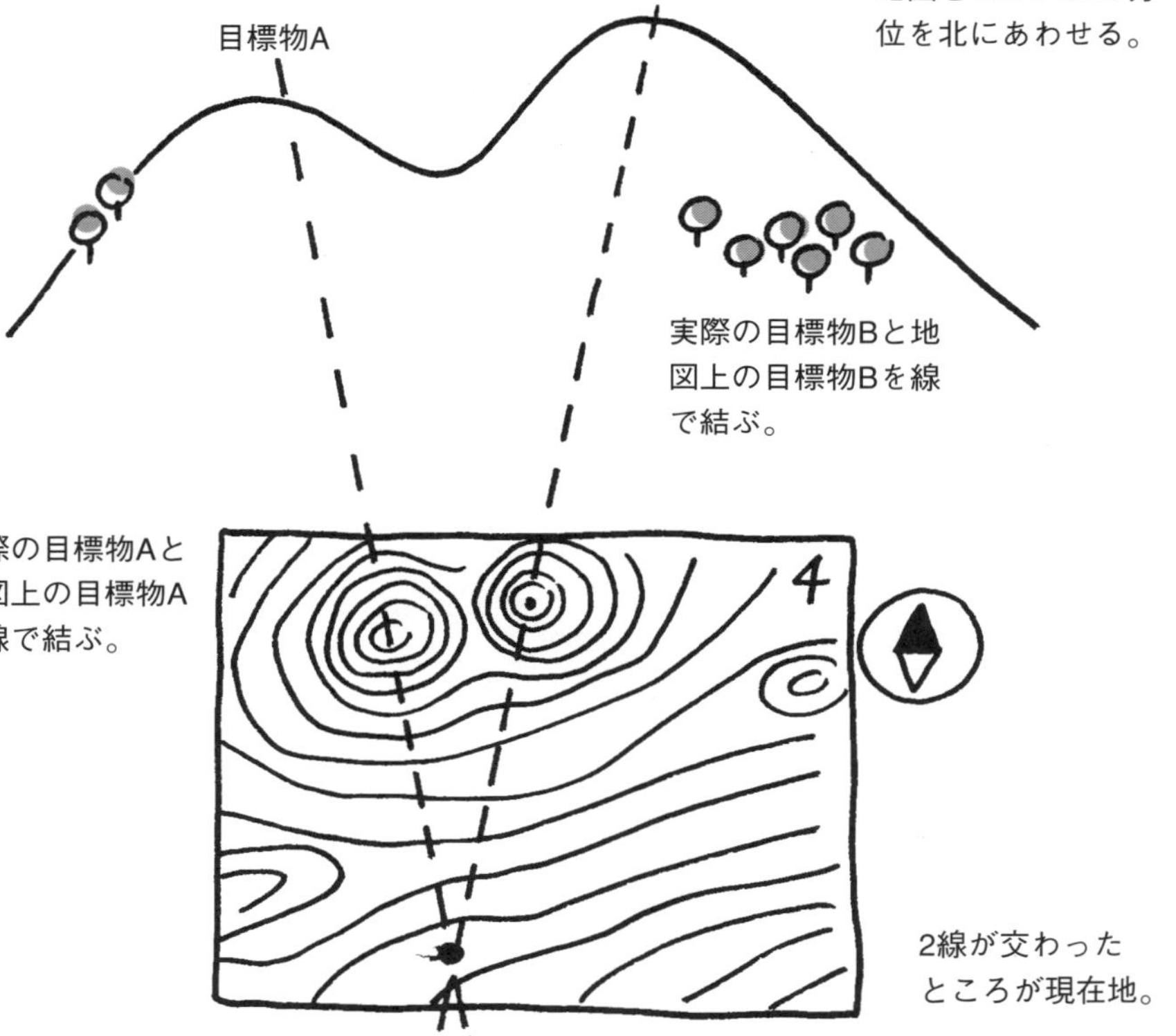
目標物A
目標物B
地図とコンパスの方位を北にあわせる。
実際の目標物Bと地図上の目標物Bを線で結ぶ。
実際の目標物Aと地図上の目標物Aを線で結ぶ。
2線が交わったところが現在地。

グッド・アドバイス!

ひもの長さは視力にあわせる

コンパスは、ひもをつけて首からぶら下げると、地図の上で作業がしやすいもの。ここで、ひもの長さに注意。とくに老眼の場合、ひもが短すぎて、目盛りが読めないことがあります。

自分の視力にあわせ、地図が読みとれるように、前もってひもの長さを調節しておきましょう。

Column

地図の記号を知っておこう

地図を読むことから山登りは始まります。国土地理院が発行している地形図には、さまざまな地図上の記号の解説があります。事前に確認しておきましょう。下にあるのは、必ず知っておきたい記号です。

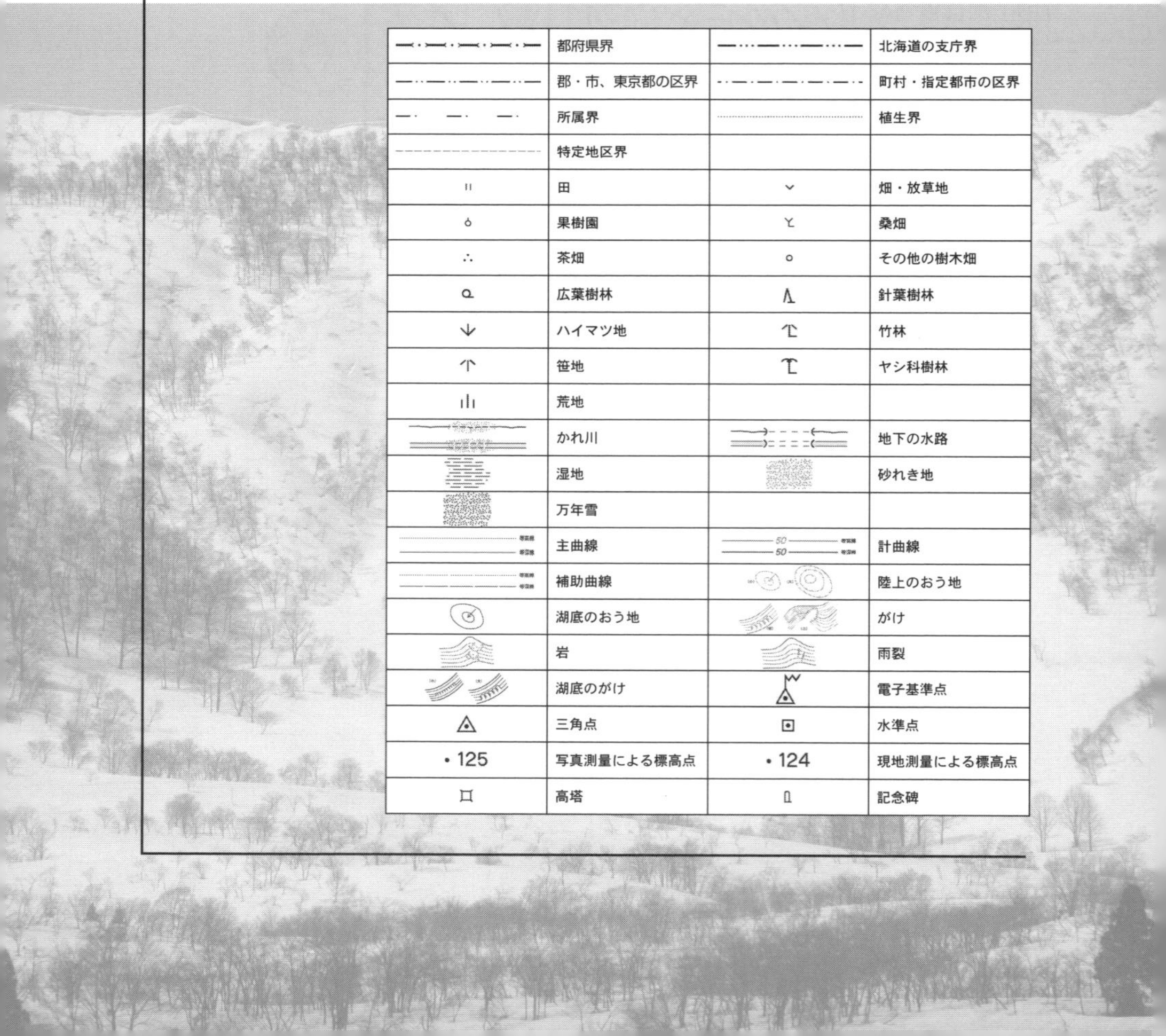

	都府県界		北海道の支庁界
	郡・市、東京都の区界		町村・指定都市の区界
	所属界		植生界
	特定地区界		
	田		畑・放草地
	果樹園		桑畑
	茶畑		その他の樹木畑
	広葉樹林		針葉樹林
	ハイマツ地		竹林
	笹地		ヤシ科樹林
	荒地		
	かれ川		地下の水路
	湿地		砂れき地
	万年雪		
	主曲線		計曲線
	補助曲線		陸上のおう地
	湖底のおう地		がけ
	岩		雨裂
	湖底のがけ		電子基準点
	三角点		水準点
・125	写真測量による標高点	・124	現地測量による標高点
	高塔		記念碑

第2章

変わりやすい山の天気を予測する

気象を表す言葉を知っておこう

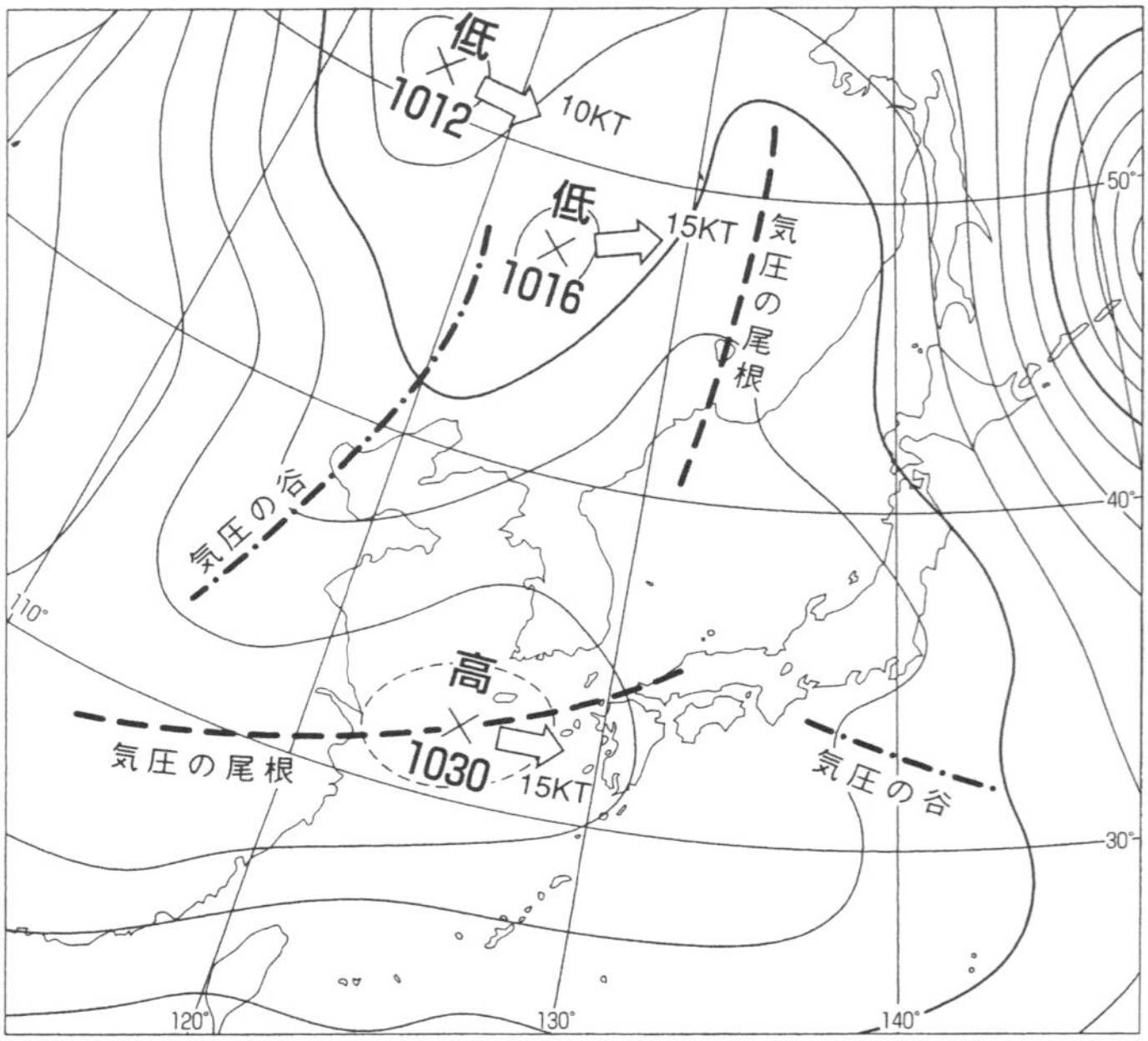

ここがポイント!

1 山の気象を知ろう

2 気象の言葉を覚えよう

3 天気が山登りを左右する

山歩きにでかけるときは、まず天気のことを調べておくことが大切です。山の天気と街の天気は違います。山では、天気は変わりやすく、山特有の現象があるのです。「観天望気《かんてんぼうき》」という言葉があります。風、太陽の見え方、雲の形、雲の動きなど、空の状況を観察して、天気を予測することです。天気が予測できれば、悪天候によるトラブルを避けることができます。

気象とは、天気、気温、風速、気圧など大気中におこる現象です。

まず、気象を表す言葉を知ることから始めましょう。

●台風
熱帯の海の上で生まれた熱帯低気圧。中心付近の最大風速が毎秒17.2m以上になれば、台風と呼ばれる。

●霧
空気中の水蒸気が凝結し、小さな水滴となって大気中に浮かび、煙のように見える。春の霧を霞《かすみ》と呼ぶ。

●気圧配置
高気圧や低気圧がどのように、どこにあるのか位置を表す。季節ごとに特徴がある。気圧配置を見ることで、晴れている所、雨が降っている所がおおよそわかる。

●前線
性質の違うふたつの気団の境目。気温、湿度、風向きなどが変化する。温暖前線、寒冷前線、停滞前線、閉塞前線の4種類ある。

●寒気
冷たい空気。寒気のかたまりが寒気団。日本ではシベリア気団、オホーツク海気団などがよく知られている。

●暖気
暖かい空気。暖かい気団には小笠原気団、赤道気団、揚子江気団などがある。

●気圧の谷
高気圧と高気圧の間の窪み。気圧の谷の強さは、気圧の差による。差が大きいほど、気圧が低くなるので天気が悪い。天気図の等圧線を、地形図の等高線と見立てれば、山の谷と同じ。

●気圧の尾根
気圧の高い所を結んだ線のことを言う。気圧の高い部分なので、天気はよい。

●天気図
気圧、気温、雲量、風向、風速、空の状態、天気、等圧線、前線などが書き込まれている図。天気を予測する基本となる。

●低気圧
大気圧が周囲より低い所。低気圧内では空気が上昇し、冷やされて霧や雲をつくるので、天気が悪くなる。気圧はヘクトパスカル（hPA）という単位で表す。

●高気圧
大気圧が周囲より高い所。高気圧内では空気が下降し、地上付近の空気に暖められ、水蒸気を吸収する。このため雲ができにくく、天気がよくなる。

なるほどコラム

降水確率は、野球の打率と同じ

降水確率は、「予報がでてから6時間以内に1ミリ以上の雨が降る」確率です。雨量が1ミリ以下なら、降水確率が0%でも予報は当たったことになります。

低気圧が過去同じようなコースを100回通り、そのうち40回雨が降ったのなら、降水確率40%となります。

山の天気は変わりやすい

ここがポイント！

1 山の天気は平地とは違う

2 気温が変化する

3 天気の崩れが早い

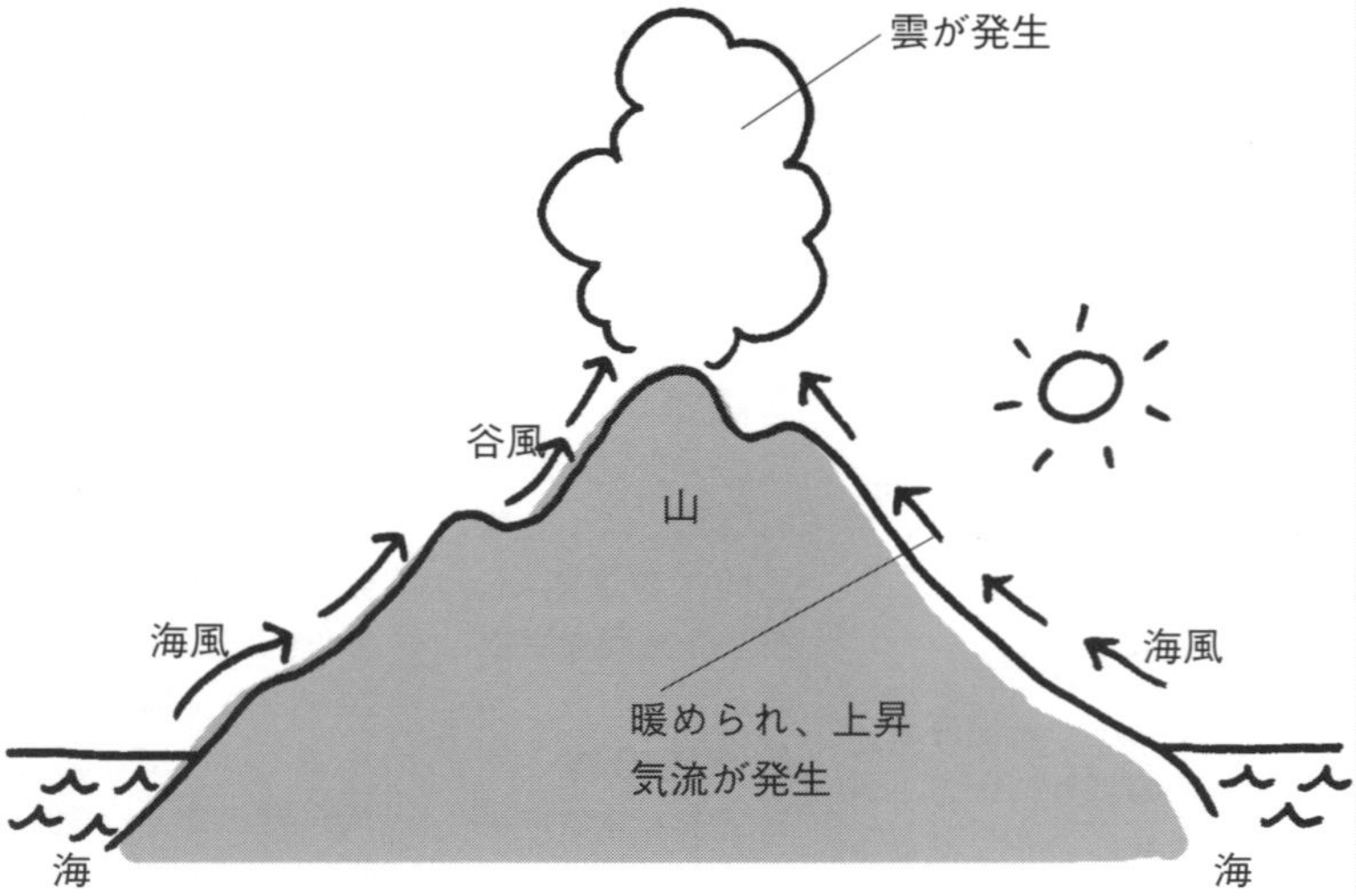
雲が発生
谷風
山
海風
海風
暖められ、上昇気流が発生
海
海

富士山の山頂までのある日の気象

高度	気温	風速	体感気温	酸素量
0m	20℃	3.0m	17℃	100
500m	17℃	4.4m	12℃	95
1000m	14℃	4.8m	9℃	90
2000m	8℃	5.6m	2℃	80
3000m	2℃	6.9m	−5℃	70
富士山 3376m	−3℃	8.1m	−11℃	65

気象庁観測データより

山は平地と違って高さがあります。高い所ほど空気が薄くなり、気温が低くなります。標高100mにつき、気温は0.5℃から0.6℃下がります。気温は風の影響も受けます。風が毎秒風速1m吹くと、体感温度は1℃下がります。山の風は時間や地形によって、複雑に変化します（P28参照）。

また、風が吹くことで上昇気流がおこり、雲が発生し、平地よりも多く、強い雨が降ります。

山では天気の崩れも早いことを知っておきましょう。

山の1日の変化を見てみよう

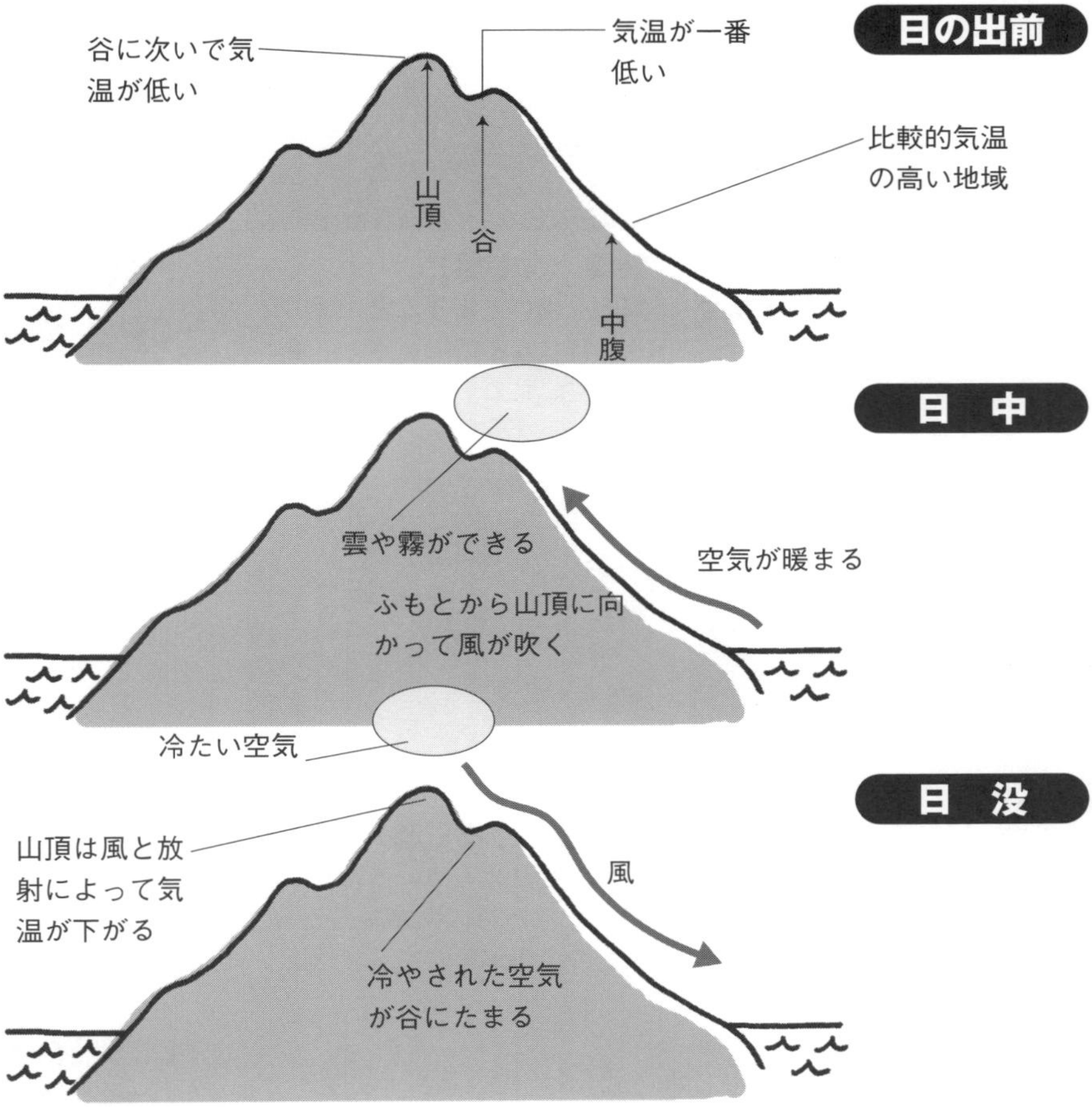
日の出前
谷に次いで気温が低い
気温が一番低い
比較的気温の高い地域
山頂
谷
中腹
日　中
雲や霧ができる
空気が暖まる
ふもとから山頂に向かって風が吹く
冷たい空気
日　没
山頂は風と放射によって気温が下がる
風
冷やされた空気が谷にたまる

なるほどコラム

山の中腹は、温暖帯

日没後、山の気温は急激に下がります。山の上の冷たい空気はふもとに向かって下がっていきます。これが山風。谷底にはこの冷たい山風がたまります。

気温が下がった谷底と山頂の間は、山腹温暖帯と言われ、ほかの場所よりも気温が高くなっています。この地域は果樹栽培に利用されています。

山でどうしても一夜を過ごさなければならないときは、谷を避け、山腹を選ぶようにします。

雲の種類を知り、天気を予測する

巻層雲《けんそううん》（うす雲）

薄いベールのような雲。太陽や月を覆うと「かさをかぶった」と言い、高層雲や片積雲がでてきて、雨が降る。

巻雲《けんうん》（すじ雲）

刷毛を引いたような雲。まっすぐな線状なら雨のきざし。曲がったり、乱れていれば翌日は晴れる。

高積雲《こうせきうん》（ひつじ雲）

雲の塊が集まってできた灰色がかった雲。低くなって広がってくると雨が降る。高度を上げ、陰影が薄くなると晴れてくる。

巻積雲《けんせきうん》（うろこ雲）

小さい石が並んでいるような雲。晴れたあと急に雨が降ったり、天気の変化が早い。

太陽が地面を熱するので、地面に近い所では気温が高く、空気が暖められます。暖められた空気は、気温が低い所に向かって上へ上へと上がっていきます。上がるとまわりの空気が冷たいので、気温が低くなります、すると空気に含まれていた水蒸気が水や氷の粒になり、雲ができます。空気は温度が高いほど、多くの水蒸気を含むことができます。

雲があっても、下降気流があれば、下りてくる間に雲は消えます。空気が乾いていれば上昇気流があっても雲はできにくくなります。

ここがポイント!

1 雲の種類を知っておこう

2 山の雲は変化する

3 雲から天気を予測する

層雲《そううん》（きり雲）

厚い霧の層。低い所にできる雲。夜の放射冷却でできることが多い。

高層雲《こうそううん》（おぼろ雲）

空の一部、全体を覆う雲。天空に墨を流したようになる。曇り雲だが、雲が厚くなれば雨が降る。

積雲《せきうん》（わた雲）

厚い塊の雲。輪郭がはっきりしている。雲の底の影が暗くなると雷雲になる。

層積雲《そうせきうん》

雲が層状、波状に浮かんでいる。暗い灰色。空全体に広がり曇る。

積乱雲《せきらんうん》（にゅうどう雲）

積雲が発達し、雲の頭が羽毛状に横に広がる。大粒の雨、落雷をおこす。

乱層雲《らんそううん》（あま雲）

高層雲の雲が低く、厚くなった雲。雨や雪を降らす。

山の風は複雑に吹く

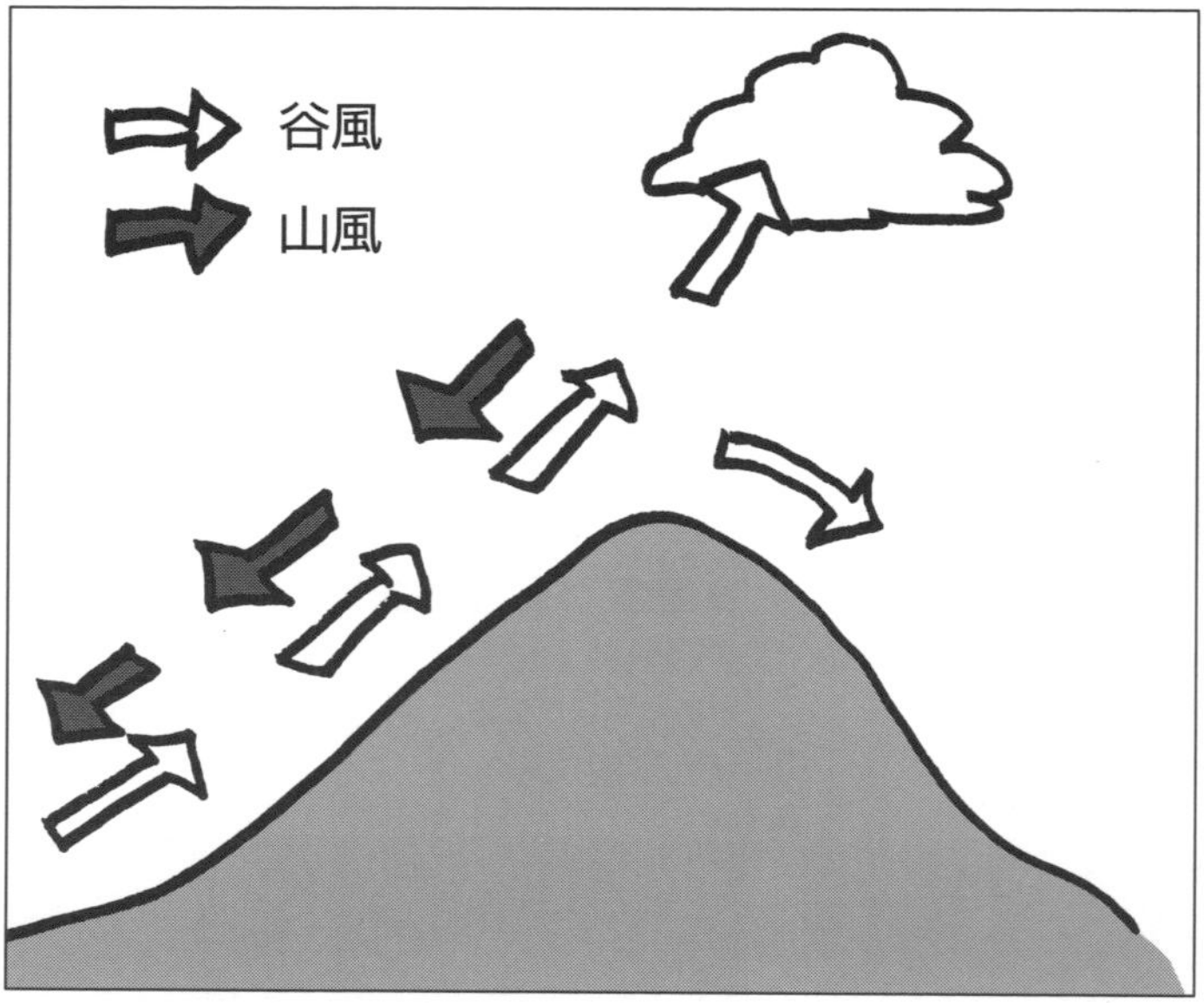
谷風
山風

上昇気流、下降気流で風の向きが変わる

突風はさけて、安全な場所で風が止むのを待つのよ

ここがポイント!

1 山の風は変化する

2 山の風は複雑に吹く

3 地形から山の風を知る

一般的に、昼間は麓から山頂に向かって吹き上げています。これを谷風と言います。夜間は山頂から麓に向かって吹き降ろします。これを山風と言います。

しかし、山の風は地形により複雑に変化します。尾根筋や樹林帯を抜けると、風は急に強くなります。風雨が強くなると、人は風に向かって進みがちです。これは方角を見失う危険があります。冷静に現在地と目的地を確認し、しっかりとルートを見定めましょう。

体力のない人はストックを使い、突風にも対応できるように。

山の地形で風が変わる

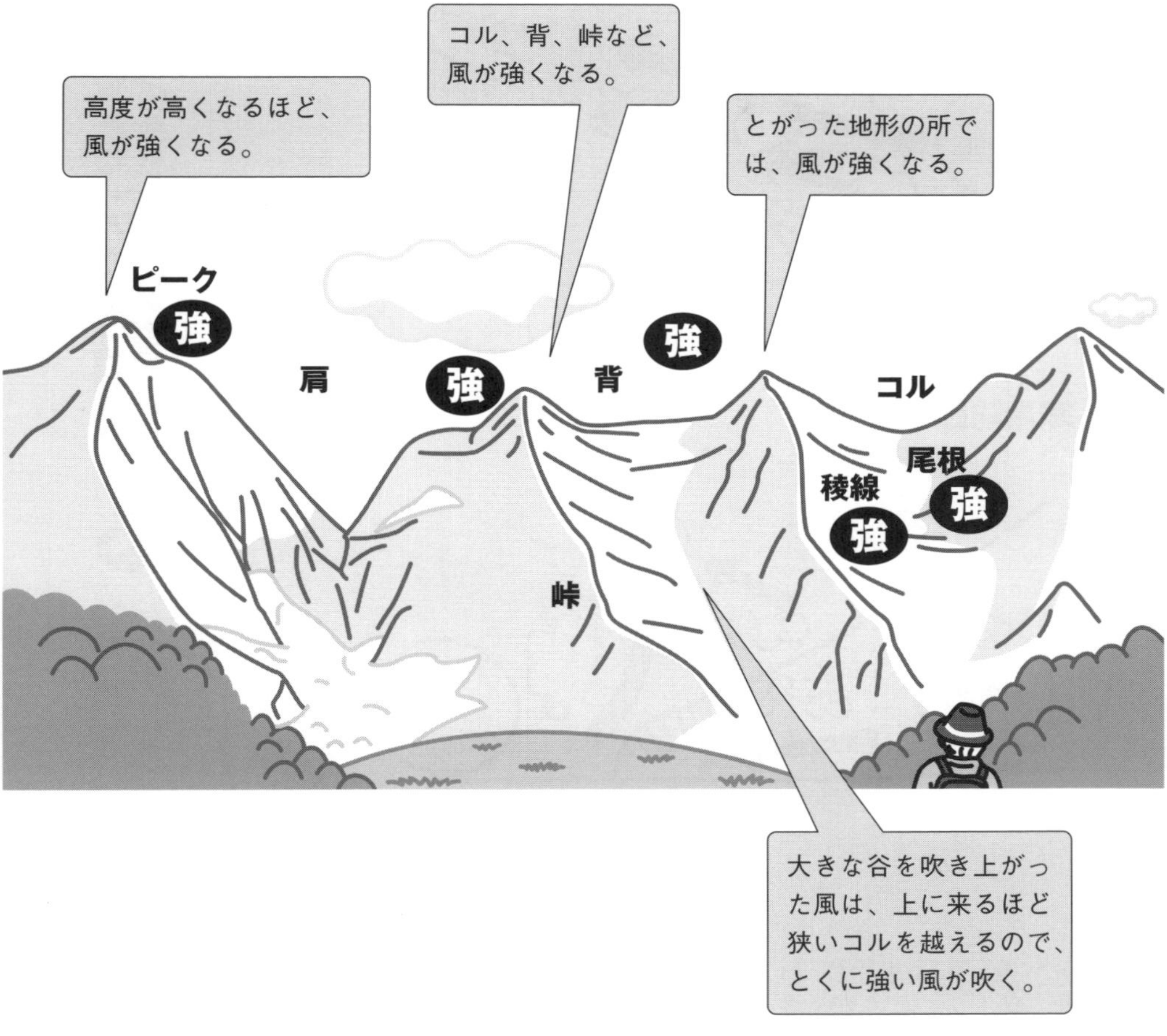
高度が高くなるほど、
風が強くなる。
コル、背、峠など、
風が強くなる。
とがった地形の所では、風が強くなる。
ピーク
強
肩
強
背
強
コル
尾根
稜線
強
強
峠
大きな谷を吹き上がった風は、上に来るほど狭いコルを越えるので、とくに強い風が吹く。

なるほど
コラム

風の息に、要注意!

風の速さや向きが、不規則に変わることを言います。平均風速に対して、瞬時に強弱がでる現象です。

風の強さが瞬時で変わると、バランスが崩れ、山歩きの場合、転落につながる恐れがあります。とくに稜線が複雑に上下している所や山頂付近では、風に乱れがおこりがちです。風には十分に注意して、歩くようにします。

悪天候を察知する

ここがポイント!

1. 悪天候は命にかかわる
2. 悪天候を予測しよう
3. 雷から身を守る

　天気は西の空から変わります。西の空に注意しておきましょう。近くに巻雲、次に巻層雲や巻積雲、どんどん雲が厚くなってきたら天気が崩れるきざしです。巻層雲や巻積雲が太陽や月にかかると、かさをかぶったように見えます。これは温暖前線が近づいてくることを示しています。温暖前線は300kmの範囲で雨を降らせますから、西の地域の天気予報を参考にするのもよいでしょう。

　天気に悪化のきざしがあれば、勇気をもって山歩きを中止することを考えましょう。

温暖前線

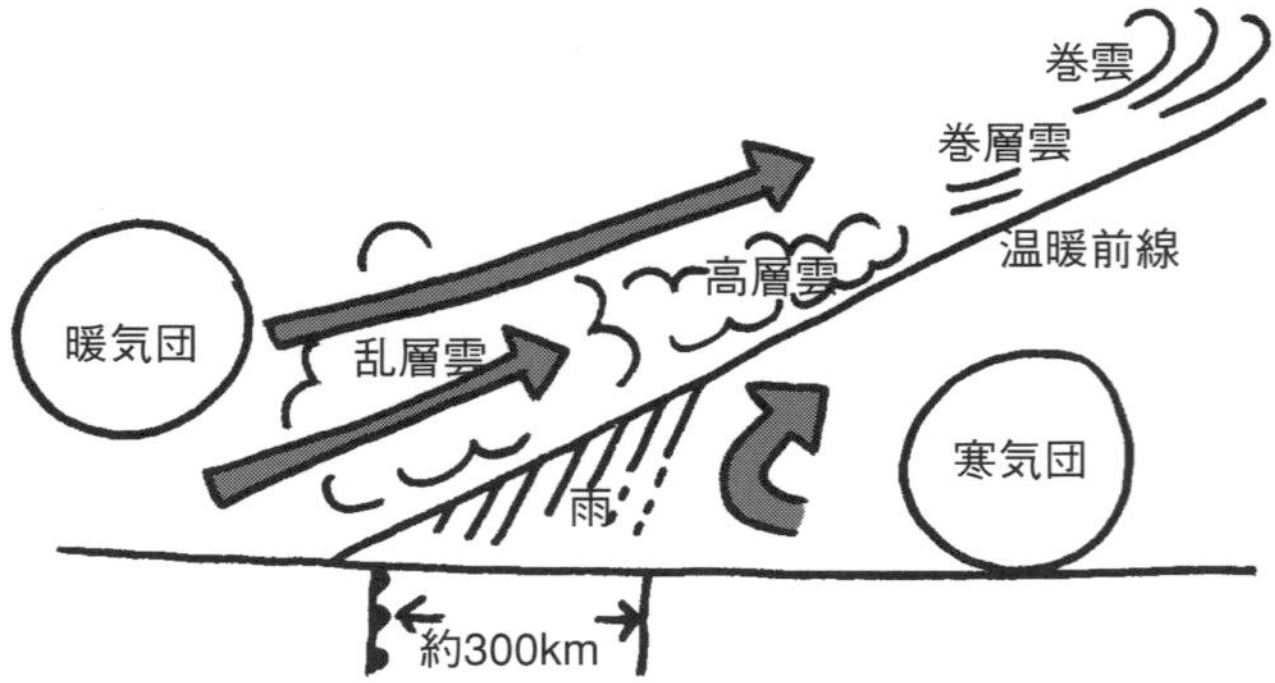
巻雲
巻層雲
温暖前線
高層雲
暖気団
乱層雲
寒気団
雨
約300km

寒冷前線

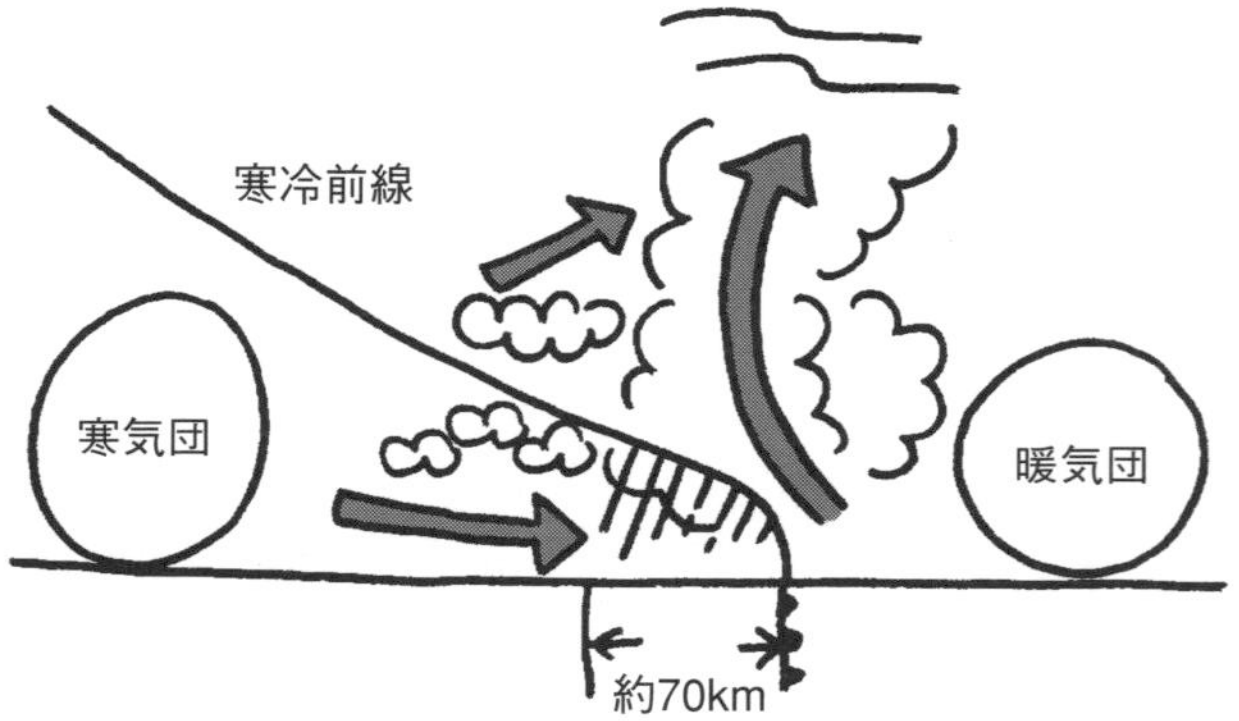
寒冷前線
寒気団
暖気団
約70km

雷を予測する

○携帯用ラジオからガーガーという音がしたら、まもなく雷が発生する。
○積乱雲が発生したら、雷が発生する。

山で雷が落ちやすい所

尾根
大木の真下
（自殺行為）
湿った窪地
川原

これは危険！

○濡れた岩場に避難しない。濡れた岩は電流を通しやすい。
○釣りざお、傘、ピッケルなどを頭より高くかざさない。
○木の真下にいると、木に落雷したとき側撃を受ける。
○雨がっぱやゴム長靴には絶縁効果はない。
○大勢で集まらない。人間の体は6、7割が水分。水分は電流を通しやすいので、人数が多い所に落雷する。

雷が鳴った！どうする？

○窪んでいる低い場所に避難する。
○鉄筋の建物に避難する。
○木に近い所にいる場合、木から45度の角度で5m以上離れた場所で両足の間隔を狭く、しゃがみこみ、指で両耳をふさぐ。

なるほどコラム　天気のことわざを知っておこう

「鐘の音がよく聞こえると雨」、空気中の水蒸気が多くなると音がよく聞こえます。空気が湿っているので、雨が降るということです。

天気に関することわざの多くは、低気圧や前線の近づいてくる、空気が湿っていることを表しています。雲や風、雷に関することわざを参考にしましょう。

四季の天気の変化を知る
春・梅雨・夏

日本列島は、3000m級の山々が中央にあり、日本海側、太平洋側と分かれています。また、北海道から九州まで縦に伸びている地理的条件から、気象の変化が激しくおこります。

平地以上に山では四季の変化が見られます。季節特有の気象状態もあります。それらをふまえた上で、山歩きの計画をたてるようにしましょう。

こんなことがおこりうる、という想定をしておけば、いざというときに命を守ることができます。

ここがポイント!

1. 季節の特色を知る
2. 山は季節ごとの顔を持つ
3. 平地以上に四季の変化がある

春は天気が変わりやすい

花粉症の人はご注意！

日本の山は杉だらけ。街に飛ぶ花粉の量とは比較にならないほど。花粉症の人にとって、これはかなり苦しいこと。対策を講じてから出かけるようにしたいもの。マスクを忘れずに。

残雪期、夏の紫外線対策

残雪が紫外線を反射して、思わぬ日焼けになることも。春山、夏山は紫外線対策をしっかりと。日焼け止め、雪眼対策のサングラスを。

雷を呼ぶ5月の嵐

春は天気が変わりやすい季節。小雨が降ったり、一時的に急に寒くなったり、ぽかぽか暖かかったり。それだけ不安定な天気なので、強い雨や雷がおこりやすくなる。

春一番は雪崩をおこす

南よりの強い風、春一番が吹き荒れると雪を解かして、鉄砲水や雪崩をおこすことがある。

梅雨の後半は集中的に豪雨が降ることも

雨に敏感になろう

この時期、山岳地帯は湿った空気が南斜面にぶつかって、雲を発達させる。山の南斜面、その周辺の谷や沢では大雨に注意。下流では少量の雨でも、上流で大雨が降っていればいきなり鉄砲水が押し寄せることがある。土砂崩れにも注意が必要。中洲にテントを張るのはやめておこう。

ジェット気流にご用心

梅雨前線で暖かく湿った空気が入り込んでくるこの時期、高度3000mから4000mで、下層ジェット気流という強風帯ができる。標高の高い山では、十分注意したい。

夏は暑さと雷に注意

台風と雷がやってくる

台風の季節は秋と思いがちだが、夏の時期にも多く到来する。台風の進路に当たっていたら、山歩きは控えよう。積乱雲もおこりやすいので、雷が発生したときの行動を考えておこう。

熱中症は命取りになる

夏の日差しは強い。帽子、水分、塩分補給を忘れずに。とくに低い山での無風・高温多湿のなか、長時間の行動には注意。

四季の天気の変化を知る 秋・冬

秋の長雨のあと、さわやかな秋晴れに

秋雨前線と台風に要注意

9月中旬から10月上旬にかけて、日本に停滞し長雨を降らせるのが秋雨前線です。秋霖《しゅうりん》前線とも言います。梅雨前線と似ており、梅雨に次いで雨の降りやすい気圧配置になります。

この前線に台風や熱帯低気圧が近づくと、前線の動きが活発になり、大雨が降ります。この時期は前線の動きに注目しましょう。

急に冷え込みがやってくる

長雨のあとは高気圧が張り出し、秋晴れの日が続きます。この高気圧は大陸から移動してきて、冷たく乾いた空気をもっています。朝夕の冷え込みには十分注意しましょう。必ず防寒具の用意が必要です。晴れた日は絶好の山歩き日よりですが、天気が崩れると、雨はみぞれに、そして雪になるということを頭に入れておきましょう。

グッド・アドバイス!

紅葉前線を追いかける

紅葉は、最低気温が8℃～9℃に下がると始まります。紅葉は秋の山歩きの、楽しみのひとつです。見通しのよい稜線を歩くコースや三段染め（冠雪、紅葉、緑）の山ろく歩き、低山の紅葉、黄葉の中を歩くコースなど楽しみ方はいろいろあります。

紅葉の見所は、北海道から本州に、高い山から低い山に順に下りてきます。平地で紅葉が見られると、もう山では紅葉が終わっています。各地の観光協会に問い合わせを。

ここがポイント!

1 冷え込みが厳しくなる

2 危険度が高くなる秋・冬山

3 初心者には雪山は危険

冬は積雪の量に注意。10cmを超えると山歩きどころではない

山の景色が変わる季節

冬は、山そのものの景色が変わります。雪が降ると変化するのは当然ですが、広葉樹林帯では、樹木が葉を落とします。それまで葉で覆われていたところの展望が広がるので、違う景色が見られるはずです。

ただし、初心者は雪のない低山ハイキングにとどめておくようにしましょう。雪が降ると、景色も変わりますが、ルートを見失い危険度も大きくなります。

雪山は経験を積んでからトライしたい

初心者はまず、雪山には登らない、と思っていたほうがよいでしょう。低山のハイキングコースでも、北側の森林帯になると積雪が多く、雪が消えにくいためコースがわからなくなります。

道に迷って、雪山で一夜、ということになると命の危険にさらされます。「なれている人がいるから大丈夫」ではダメ。メンバーひとりひとりがなれていないと、雪山は危険です。

また、平坦な登山道でも大勢の人が通った後だと、踏み跡が凍ってしまいます。とくに谷川沿いのコースはアイスバーンになり、危険です。

なるほどコラム

雪が降った直後が危険！

平地で積雪が10cm程度でも、交通機関に影響がでたり、滑って転ぶ人が続出したりしています。山ではもっと大変です。ふつう、なんでもない道でも、積雪をかきわけて進まなければなりません（ラッセルと言います）。

また、雪面は太陽の光を反射するので、気温があがりません。

平野では雨でも、山では雪になっています。雪が降った直後は、積雪があり、危険だと考えておきましょう。

気象情報を収集する

パソコン
目的地の気象情報を検索することができます。また、ところによっては、リアルタイムで動画を見ることもできます。

テレビ
気象衛星からの情報を解説してくれます。当日の最新の予報がチェックできます。

新聞
日本全国にわたる天気図で気圧配置が確認できます。高気圧、低気圧、気圧の谷、前線などから天気の予測がたてられます。

ラジオ
山歩き中に気象の変化を、いちはやくキャッチすることができます。携帯ラジオは、山歩きに必要です。電池の予備を忘れずに持参しましょう。

天気予報電話案内
目的地の市外局番に177をダイヤルすれば、その地域の天気予報を知ることができます。

携帯電話
山のなかでも、携帯電話が通じるところがあります。有料のコンテンツで天気予報を登録しておくと便利です。ただし、携帯電話はどこでもつながるとは限りません。

山歩きの計画をたてるときは、まず気象に関しての情報を集めることです。せっかく楽しいプランをたてても、天気が悪いと楽しみは半減しますし、当日になって中止、または山歩きの途中に中止の判断をしなければならないこともあります。気象情報を集めることが、楽しい山歩きの第一歩です。

現地の月間、週間天気予報やその山の気象の特性などを把握しておきましょう。

現地での判断と対処法をあやまれば、命にかかわりますので、早目の決断が重要です。

ここがポイント!

1. 事前に情報を集める
2. 楽しい山歩きは天気次第
3. 登る山の気象の特性を知る

天気図を読みこなす

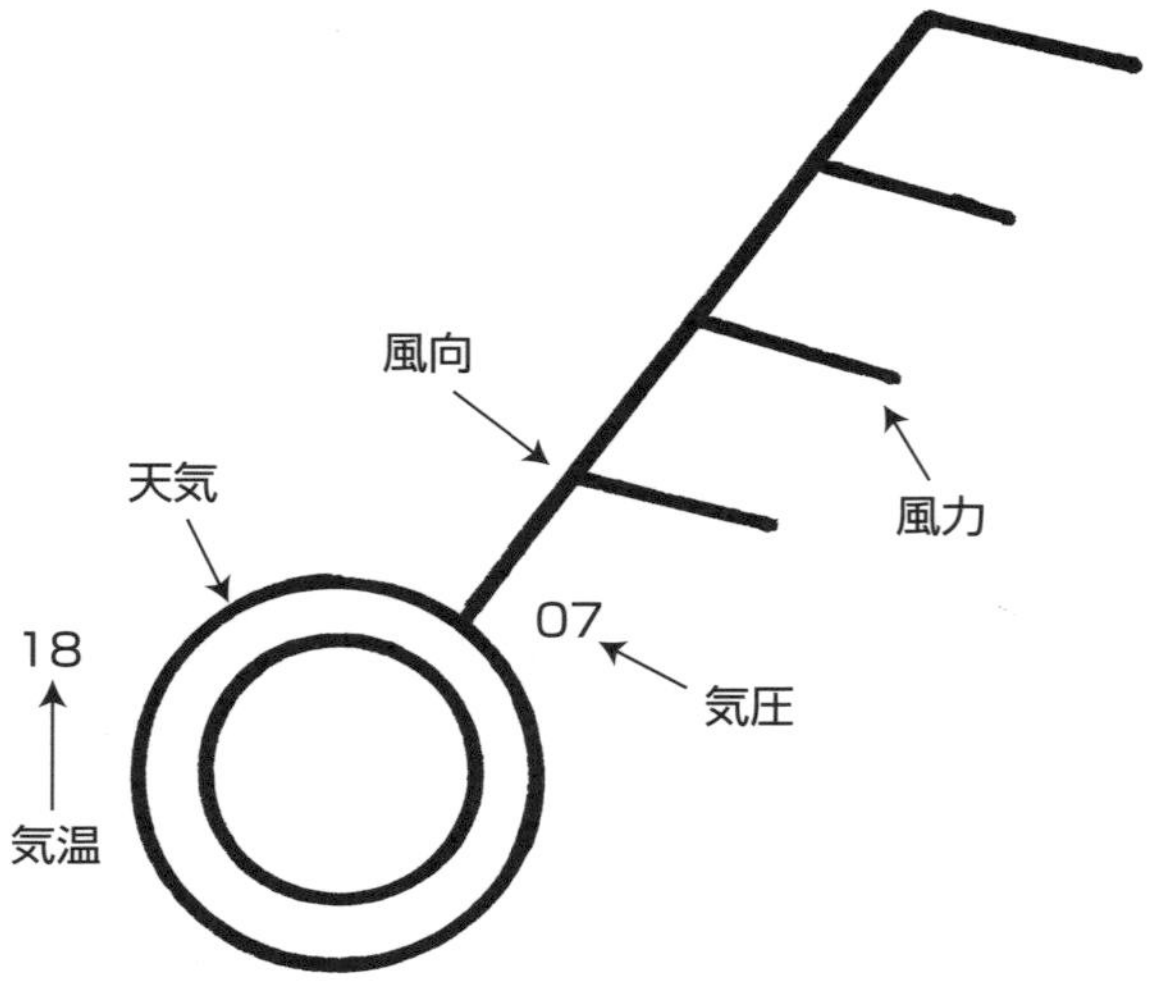

上の記号を見てみましょう。「気温 18℃気圧 1007hpa。天気は曇り。北東の風、風力 4 」を表しています。左ページにある天気図の記号を覚えたら、書き込んでみましょう。書店ではラジオ用天気図用紙が販売されています。また、気象の情報を入力して、天気図を作成するパソコン用ソフトも販売されています。

ここがポイント!

1. 天気図を読む
2. 天気予報の言葉を覚えよう
3. 天気図の記号を知る

以前は、山に登る人は、ラジオの気象通報を聞きながら、天気図用紙に、風向き、風力、天気、気圧、気温、高気圧、低気圧などの情報を書き込んでいました。

しかし、初心者に「天気図を書け」と言っても無理なことです。天気図を見ることから始め、天気を書き込むことを覚えましょう。そうすれば天気のおおまかな仕組みがわかってきます。天気の分布と、高気圧・低気圧の位置、等圧線の間隔などを見ていきます。

現地の天候は、観天望気と五感を働かすことが決め手。

天気予報にでてくる気団いろいろ

・シベリア気団
シベリア付近から発生する冷たく乾いた気団。冬にシベリア高気圧をもたらす。大陸性寒帯気団。

・オホーツク海気団
冷たく湿った気団。夏や秋にオホーツク海や千島・カムチャッカ方面から入ってくる。夏に発達すると冷夏となる。海洋性寒帯気団。

・小笠原気団
日本の南方海上で形成される暖かく湿った気団。夏になると北上して、盛夏をもたらす。海洋性熱帯気団。

・揚子江気団
大陸で発生する暖かい乾いた気団。春と秋、移動性高気圧となってくる。

・赤道気団
赤道付近で形成される高温多湿の気団。台風をもたらす。海洋性熱帯気団。

天気記号解説（日本式）

天気記号						
○	⦶	◎	●	●ッ	●ニ	●キ
快晴	晴	曇	雨	雨強し	にわか雨	霧雨
雪	雪強し	にわか雪	みぞれ	あられ	ひょう	雷
雷強し	霧	煙霧	ちり煙霧	砂じんあらし	地ふぶき	天気不明

気象庁風力階級	風速	気象庁風力階級	風速
1	0.3〜1.5m/s	7	13.9〜17.1
2	1.6〜3.3	8	17.2〜20.7
3	3.4〜5.4	9	20.8〜24.4
4	5.5〜7.9	10	24.5〜28.4
5	8.0〜10.7	11	28.5〜32.6
6	10.8〜13.8	12	32.7以上

記入例

風力
風向
気温
気圧
天気

風向

北西
北
北東
西
東
南西
南
南東

前線記号

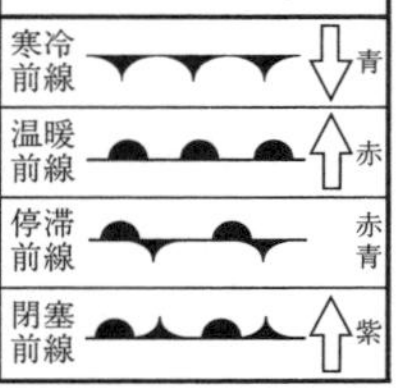

寒冷前線 青
温暖前線 赤
停滞前線 赤 青
閉塞前線 紫

天気図の記号
天気図に使われる記号です。この表を見ながら、新聞などに掲載されている天気図を読み解いていきましょう。
気象庁のホームページでも確認できます。

Column

気象の厳しさが泣きどころ

　山歩きは、天候に恵まれれば、楽しい気分ですが、急変すると思いがけない危険が次々と待ち受けています。秋口は日も短く、雨がみぞれ、雪となれば不安も募ります。雲ゆきがあやしくなったら、五感を働かせます。ポツンと雨になれば、すばやく雨具や手袋をつけ、安全な場所へ移動するか、下山するかを決断しましょう。装着のタイミングが悪ければ、ザックの中のものまで、濡らしてしまいます。またパニック状態になれば、持参した装備を利用しないまま、歩き続け、疲労凍死したという例もあります。

　四季があり美しい自然いっぱいの日本ですが、世界中のどこよりも、山の気象は、複雑で判断が難しいものです。温暖化の影響でさらに判断が難しくなってきています。天候の変化にすばやく、適切な判断ができるようにしておきましょう。

第3章

足にあった靴、体にあったウェアが快適な山歩きを保証する

山行きの目的にあった靴を選ぶ

★日帰りで荷物の少ない行程なら、足元も軽快なハイキングシューズがおすすめ。足首を保護しソールのしっかりしたものなら安心。

★小屋泊まり1～2泊で、荷物が30ℓ前後のザックならしっかりしたハイキングシューズ、または軽めの革製軽登山靴がよい。

★テント泊の長期縦走や雪山で12本爪のアイゼンを使用した山行には重登山靴が必要。厚手の革で足首を保護し、防水性にも優れている。

★小屋泊まり2～4泊で40リットル前後の量なら革の軽登山靴がベスト。アッパーがしっかりしていてソールも固めなので、足を保護してくれる。

山歩きで最も重要なパートナーは、歩きやすい靴。まずは、用途にあった靴を選ぶことが大切です。春～秋に、日帰りから小屋泊まり1～2泊の行程で初・中級者向けコースを歩くなら、軽くて歩きやすいハイキングシューズや軽登山靴で十分です。テントを担いだり、雪山や岩の多い山でアイゼンを使用する場合には、足底と足首をしっかり保護する重登山靴が必要です。

正しい靴を購入するときは、登山専門店で専門知識のあるスタッフに相談しながら選びましょう。

ここがポイント!

1. 目的地、行程、荷物などを想定する
2. 目的にあわせて選ぶ

靴にはいろいろな種類がある

★ハイキングシューズ
日帰りや1〜2泊の小屋泊まり用など、いろいろな種類がある。
重量（片足）：
約490〜500g

靴を選ぶことが、山歩きの第一歩でもあるのよ

★重登山靴
長期縦走や12本爪のアイゼンを使用した雪山に。
重量（片足）：
約680〜860g

★軽登山靴
15kgくらいの荷物で2〜3泊の小屋泊まりに。軽アイゼンがつく。
重量（片足）：
約490〜500g

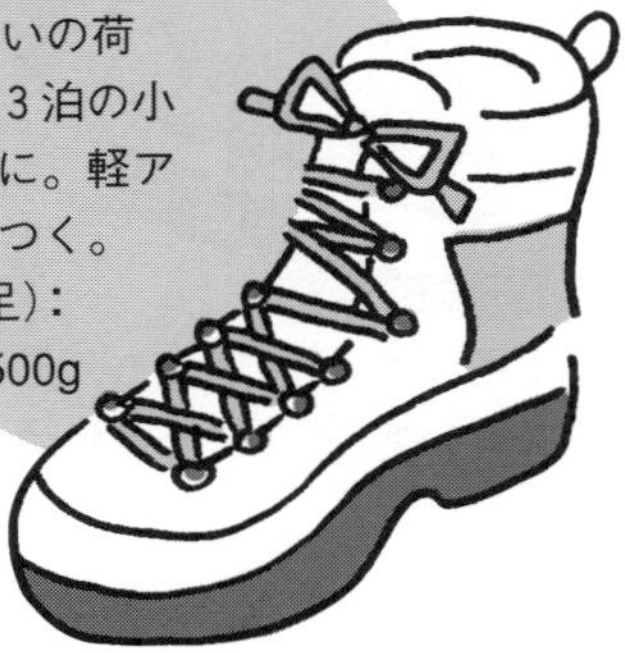

なるほどコラム

輪かんじきは、昔からの知恵

輪かんじきは、昔から日本で使われてきた深雪の中を歩くための道具です。木の枝や蔓《つる》を曲げた楕円形の輪の真ん中にひもを渡したもので、わら靴の上や長靴の下にも履け、深い雪の上でも歩くことができます。

現在は昔ながらの知恵を生かして進化したスノーシューが雪山歩きに注目されています。

靴選びのポイント

○

足首まで保護するハイカットでソールがしっかりしたものがよい。

×

ローカットは足首を保護しないので不向き。下りでつま先を痛めてしまう。

●楽しく歩くためにも防水性を重視しよう

★雨用スパッツを付ければ足首から水が入らず、さらに防水性がアップ。

★ナイロン靴は水を通してしまう。防水性が高い靴を選ぼう。

豆ができる、足首をひねる、靴の中が濡れるなどのトラブルがおこると、山歩きも苦痛になってしまいます。靴の役割は足を守ることにあります。形は足首までをしっかり保護するハイカット、素材は防水性に優れた革や、靴の内側がゴアテックスがおすすめです。

サイズは自分にぴったりのものを慎重に選びます。左のイラストのポイントをあまさずチェックし、階段の上り下りや店内を歩いて履き心地を確認。必ず実際に登山に使う厚手の靴下を着用するのがポイントです。

ここがポイント!

1 足首を保護するハイカットを選ぶ

2 登山用靴下を履いて納得のゆくまでサイズあわせをする

サイズ選びは慎重に！実際に山で使う靴下をはいて試してみよう

★輸入品は足があわないことも。日本人仕様の靴を選ぼう。

★甲の高さや幅もしっかりチェック。デザインよりも履き心地で選ぶ。

★つま先を靴の先につけたときに、かかとに指1本分が入るのがベスト。

★靴ひもを締めるときは、かかとをしっかりつけて先端のひもから締めてゆく。

店内を歩いてみて、かかとの浮きやつま先のあたりをチェック！

靴ひもは足首に回したりせず、上までしっかり締めよう。

甲が締まるか。きつすぎないか。

圧迫感がないか。

★必ず両足でテストして、階段やスロープの上り下り、店内をしばらく歩いて履き心地を確認。

下りは靴ひもを少しきつめに。

★CHECK

下りでつま先があたると、指が痛むもの。

かかとが大きく浮いていないか。

インソールや靴下選びも大切

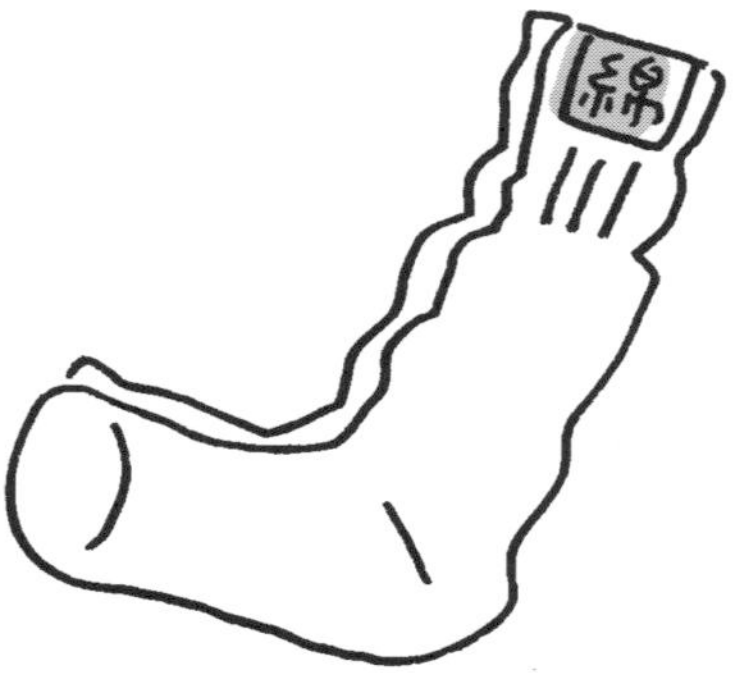

★綿の靴下はダメ？

登山に綿の靴下は適さない。綿は汗の吸収は良くても、乾きが悪いので常に足が湿った状態になってしまう。そうすると靴ずれやマメができやすくなる。甲の部分にゴムが入り、足にフィットするタイプもある。

★どんな靴下が適当？

ウールまたは化繊の混紡の靴下がよい。汗をかいても足の表面を比較的サラッと保つ。またクッション性を生かした機能のあるものは地面からの衝撃もやわらげる。

★靴下の2枚重ねって？

靴下の2枚重ねが必要なのは、靴の種類による。革の登山靴の場合は〝当たり〟が硬いので、靴下を厚めにしてフィット感を高めよう。外《がい》反《はん》拇《ぼ》趾《し》なども靴とのすきまを靴下で調整できる。

ここがポイント！

1. 登山用の靴下を用意する
2. 今履いている靴にあったインソールを選ぶ

足の形は人それぞれ違うので、左右の足にジャストフィットする靴探しは既製品では限界があります。それを補ってくれるのが、靴下とインソール（中敷）です。

靴下には、足を保温し、汗を発散させるだけでなく、靴との当たりを調整し、爪割れや靴ずれを防止する役割もあるので、普段履いているものとは別に登山用を用意しましょう。インソールは足底と靴のすきまを埋めて足を安定させ、正しい足の動きを守るもの。衝撃吸収など様々な機能を持ったインソールが販売されています。

★インナーソックスとは？

2枚重ねてはく場合の薄い靴下がインナーソックス。吸湿性速乾性のあるポリエステルやポリプロピレンが素材。革製の登山靴には、インナーソックスと厚手のウールソックスを重ねてはくとより効果的。

★インソール

衝撃吸収素材をかかとと指の付け根に付けたもの、全体が吸収素材になったもの、足の形にあわせて成形するものなど、機能も厚さもいろいろあるので、今履いている靴にあわせて選ぼう。

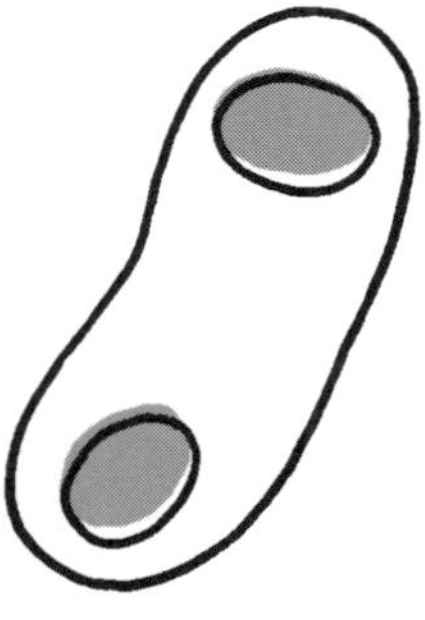

衝撃吸収素剤がかかとと指の付け根にある

全体が衝撃吸収素剤になっている

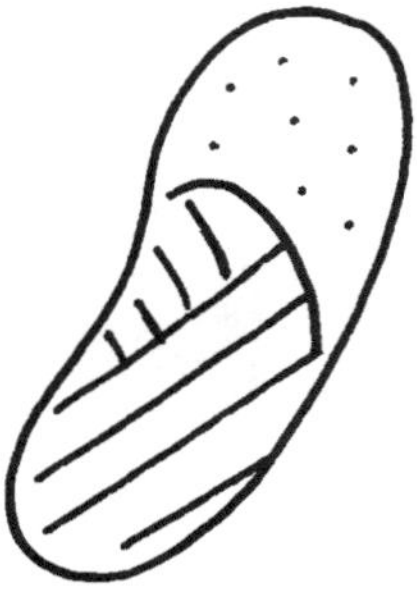

足にあわせて成形するもの

かかとが不安定

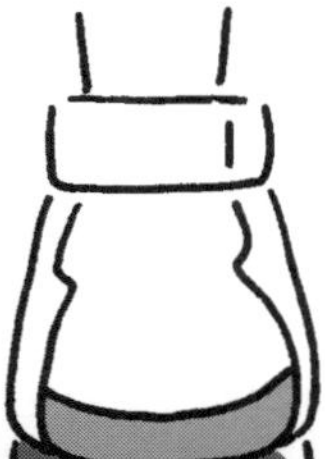

かかとが安定

土踏まずが不安定

土踏まずが安定

靴の手入れを行う

自分の足にあった靴はできるだけ長く使いたいもの。使った後には必ず手入れをしましょう。手入れで寿命はぐんと長くなります。こびりついた泥や汚れを放置しておくと、ひび割れやカビ、変形の原因になります。軽い汚れなら、ブラシや水に濡らし絞った布で落とし、陰干しにして靴底の湿気を取っておきます。

革靴は底の張替えが可能。愛用している靴本体と底の接着部分が劣化してきたら、型崩れをおこさないうちに張り替えに出しましょう。

ここがポイント!

1 使ったらすぐに手入れをする

2 革靴は買って最初の手入れとならしが肝心

シューズの手入れ

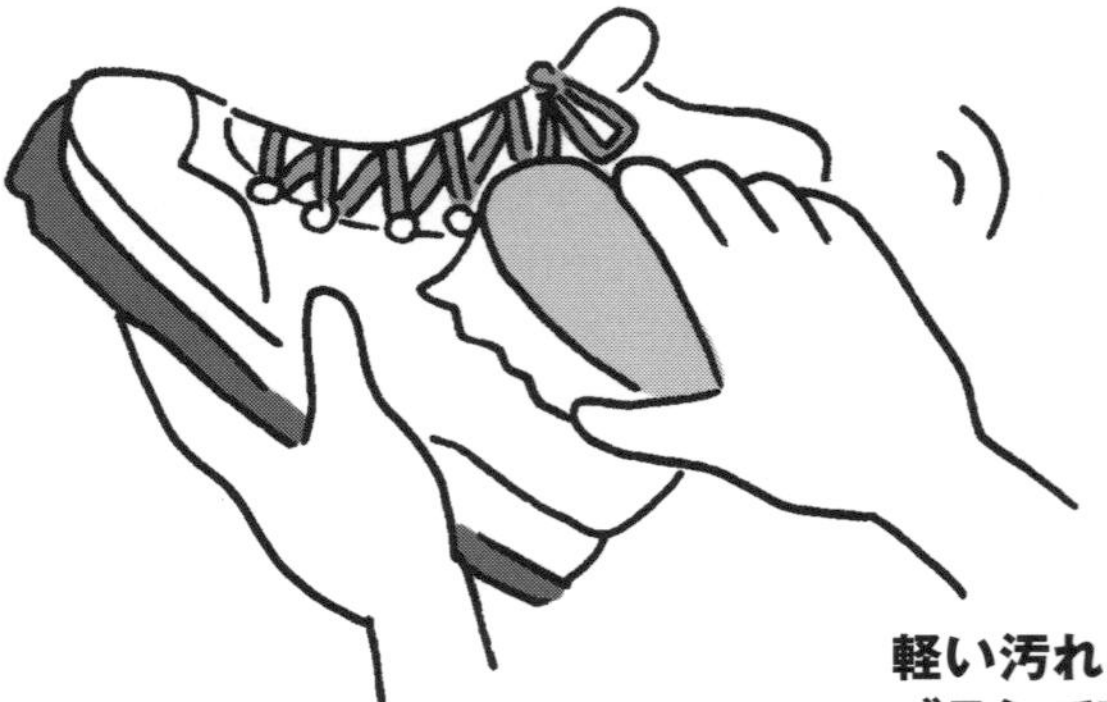

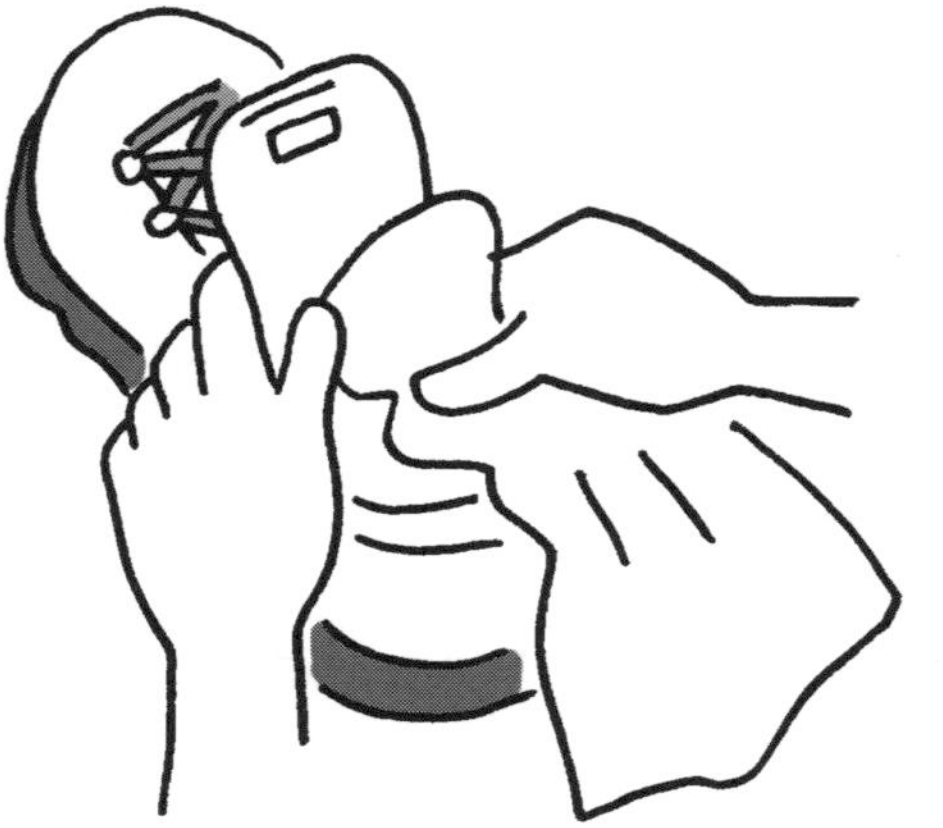

軽い汚れはブラシで落とす

●ひどい泥汚れや、こびりついた汚れはジャブジャブ水洗い。靴の中に水を入れないように。もし、中をキレイにしたいなら濡れた雑巾でふくとよい。

●洗ったら風通しのよい場所で陰干しに。乾いたら撥水《はっすい》スプレーをかけておくと、水や泥汚れの付着をある程度防げる。

革製登山靴の手入れ

①買ったばかりの靴には、縫い目から水が入らないように、まず目止めをしよう。縫い目に目止めクリームを塗って乾かす。

②目止めが乾いたら保革油を全体に指ですり込む。つま先やかかとには塗りすぎないこと。塗りすぎると革が柔らかくなる。

③家の近所などで履きならす。坂道や階段の上り下りも加えて。足になじんだら、いざ山へ。山行きの前に防水ワックスを塗って防水性をアップさせる。

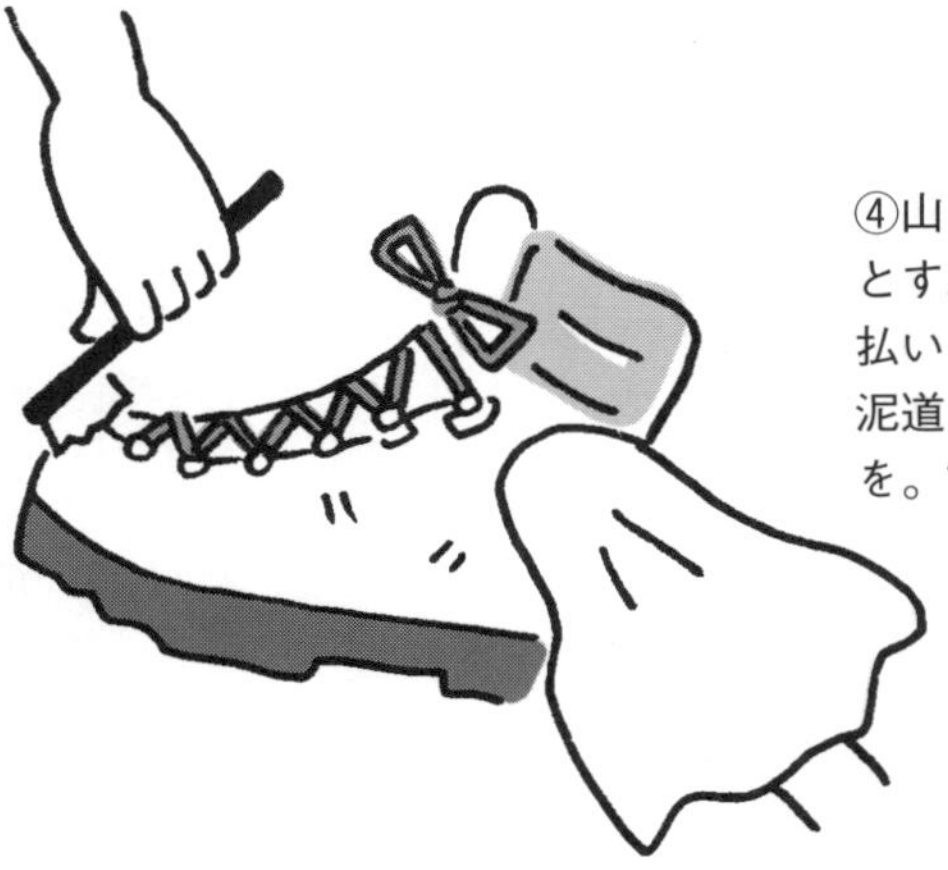

④山から帰ったら、靴の汚れを落とす。軽い汚れは乾いたブラシで払い、泥汚れは乾いた布でふく。泥道を歩いた場合は現地で水洗いを。古歯ブラシを持参。

⑤陰干しをして乾いたら、また全体に保革クリームを塗る。

シャツは長袖が常識

ここがポイント!

1 体を保護する長袖を選ぶ

2 サイズはゆったりしたものを

山シャツ

開襟（襟を立てればスカーフ代わりに）
前開き（温度調節がしやすい）
雨ぶた付きポケット（中の物が濡れない）
薄手のウールと化繊の混紡（汗をかいてもベトベトしない）

衣服は体を守るものなので、機能性を重視して選びます。

シャツは木の枝や虫刺され、強い紫外線による日焼けなどから体を守るために長袖が基本です。汗をかいてもべたつかない薄手のウールか、化繊とウールの混紡素材で、ゆったりしたサイズの前開きデザインを選びましょう。

山の衣服は重ね着で寒暖の調節をします。寒ければ中にセーターなどを重ね着すれば、簡単に防寒対策ができます。

小物が取り出しやすいように胸ポケットも必要です。

暑さ・寒さ対策の着こなし

暑いときには、オーバーブラウスに。袖をまくって半袖に。ボタンを外せば風通しもよい。

寒いときにはジャケット代わり。下に薄手のセーターを重ね着し、襟を立てて風をよける。

なるほどコラム

素材やデザインで快適さに差が

綿素材のウェアは山歩きには適しません。吸湿性はよいのですが、湿気が逃げずになかなか乾きません。濡れたままだと体温が奪われてしまいます。また、綿はウール混紡に比べて保温性も劣ります。

形はラガーシャツやポロシャツ、前開きのシャツタイプが便利です。下にも上にも重ね着ができるのも重宝です。かさばらないので１枚持参したいものです。

パンツは動きやすさをめざす

春〜夏

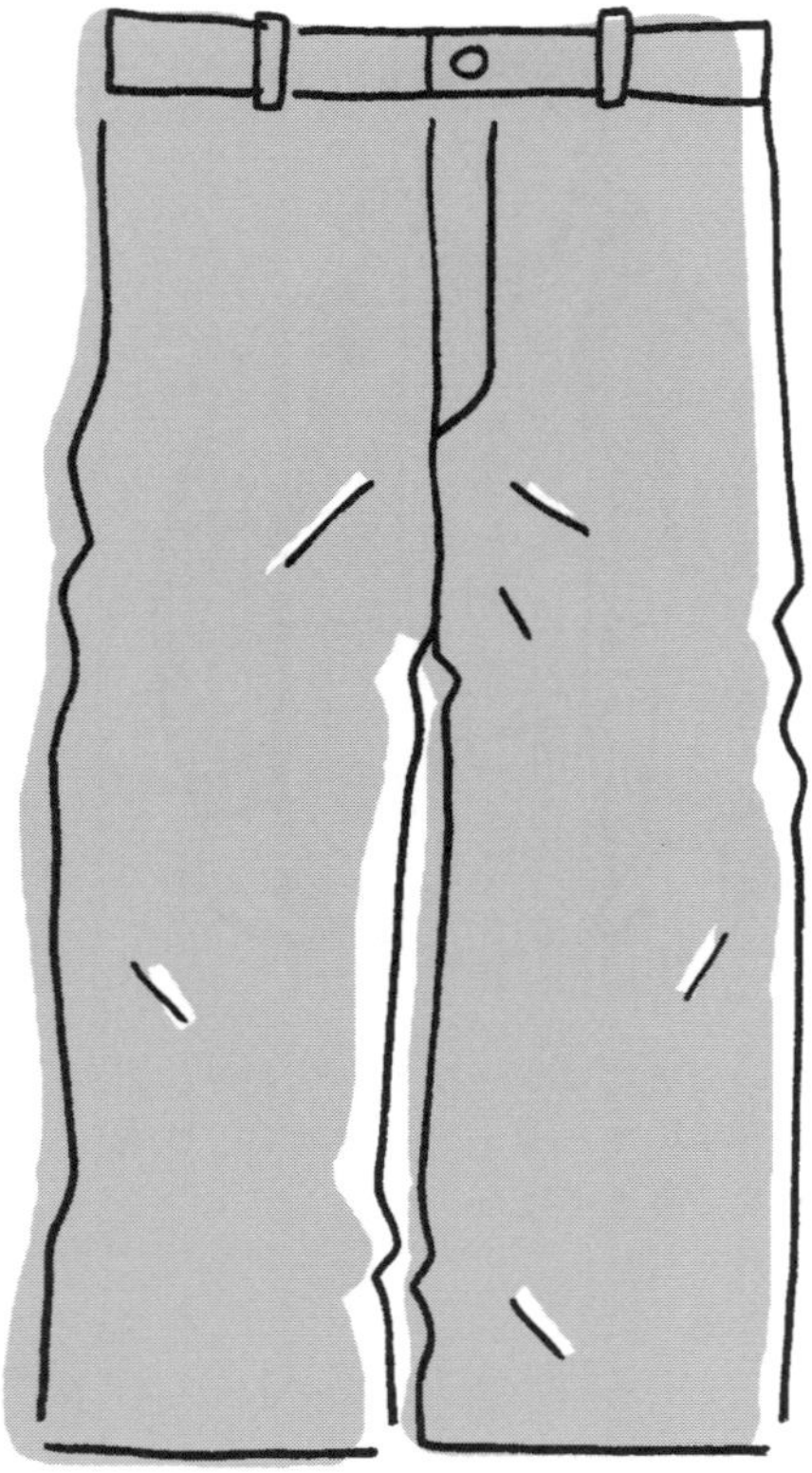

★街でもよく見かける、チノパンツと呼ばれるタイプ。足の動きを妨げない伸縮性があるストレッチ素材や、水や泥はねをブロックする撥水性に優れたものを選ぼう。

☆素材は通気性、吸湿性の良い、コットン、ポリエステル等。寒ければアンダータイツで保温性をプラス。

☆秋は軽くて暖かいウール混の化繊がよい。

ひと昔前まではヒザ丈のニッカーボッカーが目立ちましたが、現在はチノパンタイプが主流。様々な素材のパンツがあり、春〜夏は通気性のよいコットンやポリエステル、秋〜冬は暖かいウールがおすすめ。気温や季節に応じて、軽いイージーパンツや、裏地の付いた冬用パンツ、パンツの上からはくオーバーパンツなどを使い分けるとよいでしょう。伸縮性のあるものを選びます。

ジーンズは活動的に見えますが、足が動かしにくく、濡れても乾きにくいので山歩きには向きません。

ここがポイント!

1. 動きやすい伸縮性のある素材を
2. 季節にあわせて選ぶ

秋～

春～秋用パンツにアンダーパンツを組み合わせてもよいが、保温性のある裏地を付けた冬用も市販されている。裏地付きパンツは風を通しにくいのも特徴。

他

イージーパンツ
ラフなシルエットのイージーパンツと呼ばれるものも、動きやすいと人気がある。

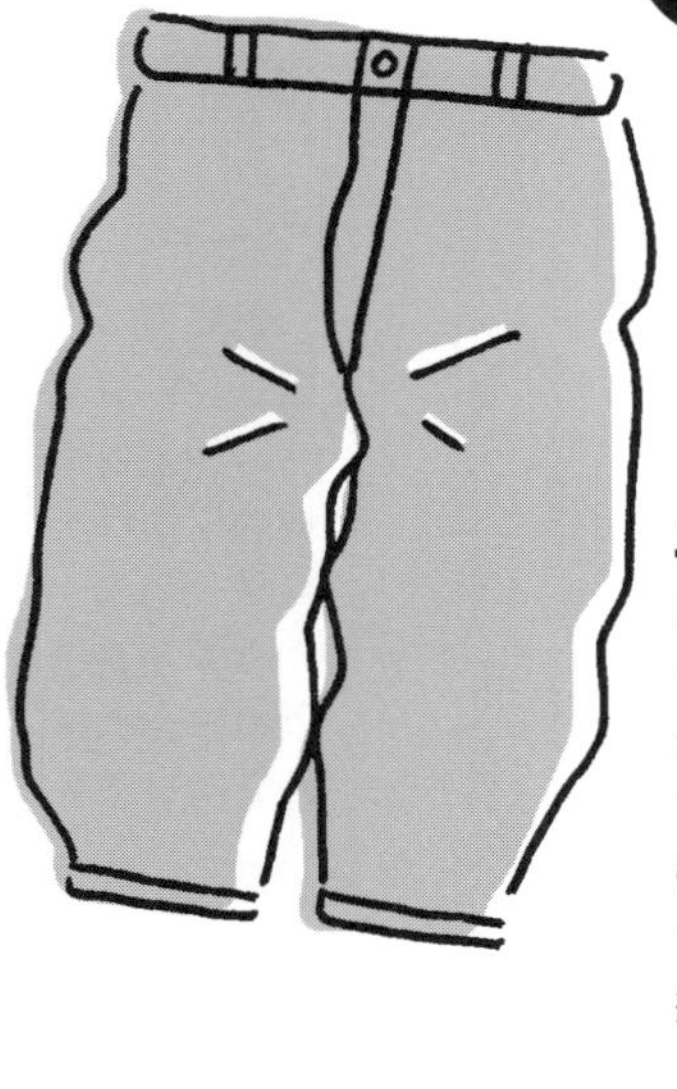

ニッカーボッカー
ヒザまでの登山用パンツ。ヒザの曲げ伸ばしがしやすく、一昔前までは登山ファッションの主役だった。ヒザまでのハイソックスと一緒に着用。

速乾性のある下着を選ぶ

ここがポイント!

1 吸汗性・速乾性・保温性他、機能に優れた素材を選ぶ

2 下着は締め付けないものを

山を歩くと大量の汗をかきます。汗で濡れた下着は不快なだけでなく体温も奪います。速乾性に優れたものを選びましょう。春～夏はTシャツで十分。水分を服の外に出す性質を持ったポリプロピレンやダクロンなどの化繊製がおすすめです。機能性下着がそろっている山の専門店で、肌触りの良いものを選びましょう。秋冬は長袖シャツの他、タイツも必要です。長時間の山歩きでは体を締め付けるものはNG。女性の場合、ブラジャーなどの下着は伸縮性に富んだ柔らかいものを。

☆Tシャツ

シャツの下には吸汗速乾素材のTシャツを着るのが一般的。代表的な素材にはダクロン、ウィックロンなどがある。半袖だけでなく、長袖Tシャツもあると幅広く使えて便利。

☆レディースインナー

安定感、通気性、伸縮性に富んだブラジャー、ブラ付きタンクトップ、アンダーシャツなど、女性用下着も高機能なアイテムがそろっている。

☆アンダーウェア

寒い時期にはＴシャツの上からアンダーウェアを重ね着すると快適。アウトドア用ウェアは高機能製品が多く、独自の機能や繊維を開発しているメーカーも多い。

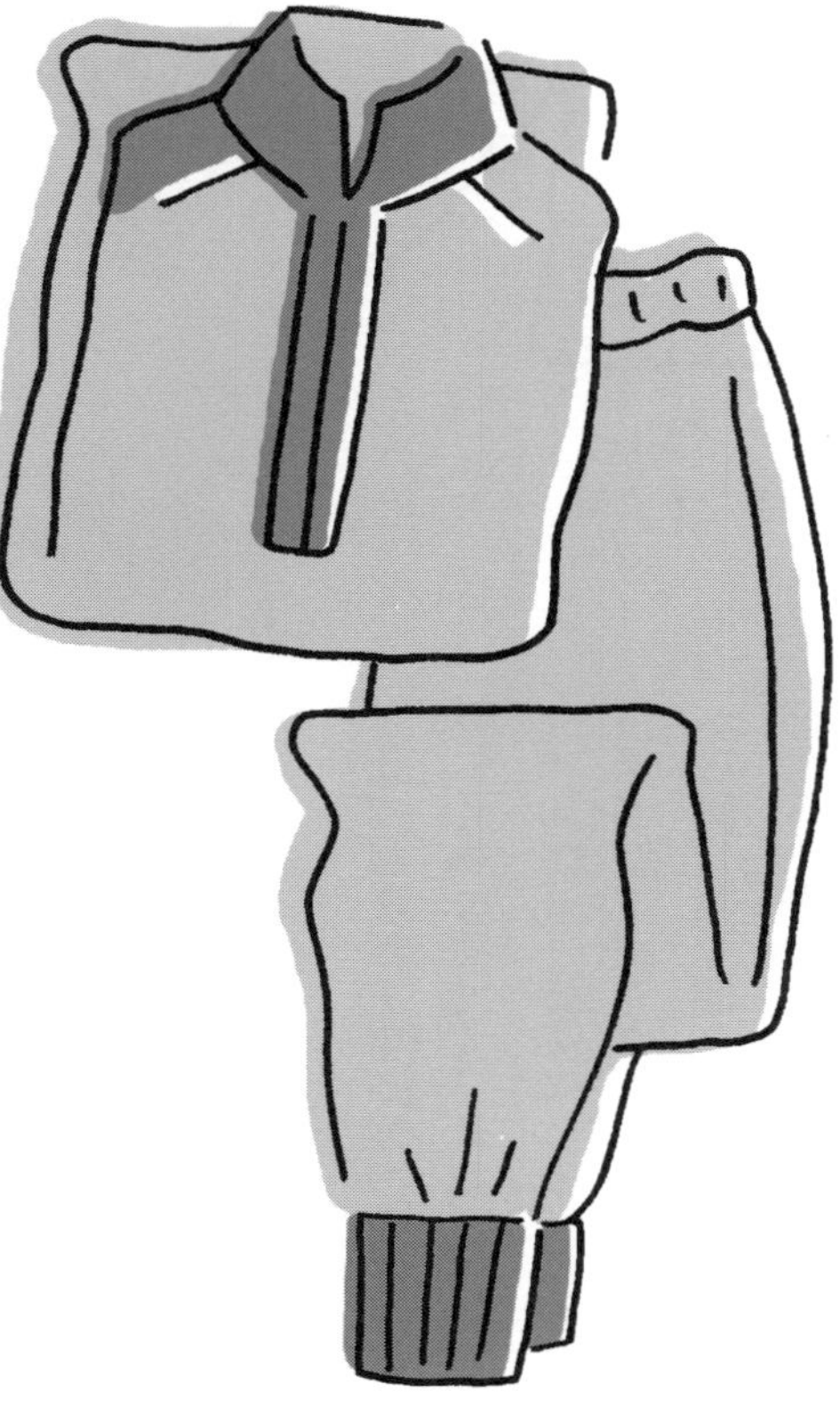

☆冬用アンダーウェア

冬の登山やハイキングの必需品、登山用アンダーウェアは、風が入らないように首まわりや手・足首のしまったものを。遠赤外線効果で体を温める素材や、部分によって素材を使い分けたものなど、高機能製品がいろいろ。

防寒対策は一年中必要

ここがポイント！

1 夏でも防寒対策は必要

2 インナーとアウターの組み合わせで防寒

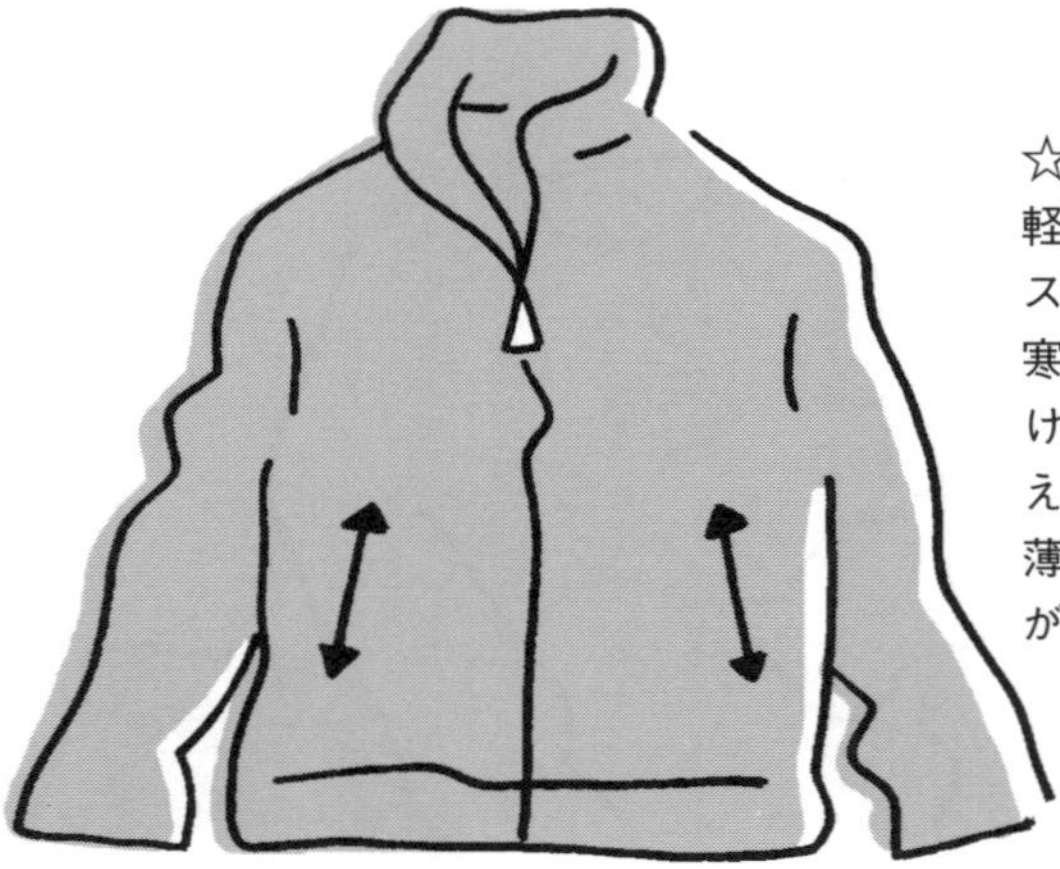

☆フリース
軽くて柔らかいフリースジャケットは山の防寒着の定番。春、秋だけでなく夏の朝晩の冷え込みにも重宝する。薄手のものが使い回しがよい。

☆セーター
春、秋の日中はセーターで十分。薄手のウールで、風が入りにくい丸首がおすすめ。寒い時期には厚手のものを一枚持つより、薄手を２枚持った方が調節しやすい。

☆ウインドブレイカー
風が直接体に当たると体温が奪われる。軽いウインドブレイカーは、フリースなどの上から着ると春秋でも立派な防寒着になる。

山では突然天気が変わることも珍しくありません。また、標高が１０００ｍ上がるにつれて気温は摂氏６度下がります。アプローチから同じ服ではなく、重ね着で調節するのが防寒の基本です。

セーター、フリースジャケット、ウインドブレイカー、フード付きパーカー、保温力が抜群のダウンジャケットなど、季節や目的地にあわせ、必要に応じたアイテムをそろえておきましょう。夏山でも雨に濡れたり、風に吹かれたりすると体温が下がります。防寒は重ね着とアイディアで勝負。

☆ジャケット&パーカー

春夏用のジャケットは生地が薄く携帯性に優れている。防水、撥水、防風を兼ね備えているので、さっと取り出して着るのに便利。雨具との兼ね合いで選ぶ。荷を少なくしたい人はセパレーツタイプの雨具上衣で代用。

☆ダウン

軽さと保温性に定評のあるダウン。厳冬期の厳しい条件下でも耐えられる500g以上のダウンが入ったものからテント着として使える薄手のものまで幅広くそろっている。

ダウンより暖かい中綿素材、シンサレート

ポリプロピレンマイクロファイバーとポリエステルで構成された、シート状素材シンサレートは、近年ジャケットの中綿として主流になっている。同じ厚さなら、ダウンやポリエステルに比べて約2倍の暖かさを持ち、動きやすくて保温性も高いというのが人気の理由。

雨が降っていなくてもレインウェアを持参する

☆上下セパレーツのスーツタイプ。防水と通気に優れたゴアテックス素材なら、内側も蒸れずに快適。

ここがポイント!

1 防水性だけでなく通気性も重視する

2 縫い目の防水性もチェック

雨に濡れて風に吹かれると体温が下がり、体が消耗してしまいます。レインウェアは命を守る大切な装備。降水確率が0%でも必ず持参しましょう。

レインウェアには、ポンチョタイプとセパレーツタイプがあります。ポンチョは風通しがよく、シートとしても使える利点がありますが、足下の防水や動きやすさではセパレーツタイプがおすすめ。縫い目まで防水処理したものを選びます。低山なら防寒着の代用にもなります。

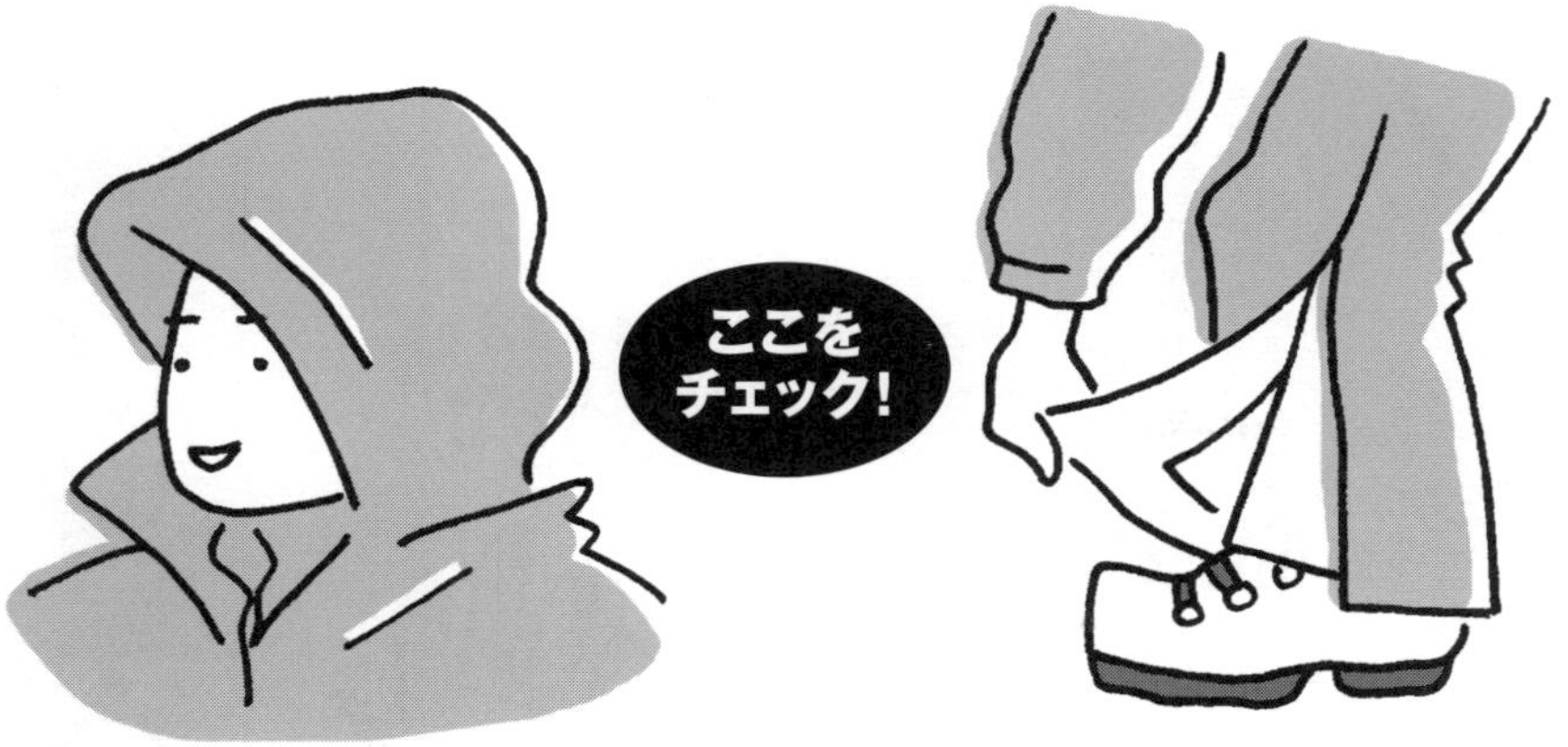

☆試着時にはフードをかぶって視界を確かめてみること。使わないときにはフードをたたんで収納できるとベスト。

☆雨はいつどんな場所で降り出すかわからない。すそがファスナーで開閉するタイプなら、靴をはいたままでレインパンツが着脱できる。

●用意しておきたい雨用グッズ

☆ポンチョ

荷物もすっぽりくるめ、かさばらないポンチョは便利なアイテム。下からの水の侵入に備えてレインパンツと組み合わせて使いたい。

☆ザックカバー

ザックにかぶせて雨から荷物を守るカバー。ただし、過信はできないので予備の衣類などはビニール袋やスタッフバッグに入れてから収納しよう。ザックのサイズにあわせてカバーは選ぶこと。

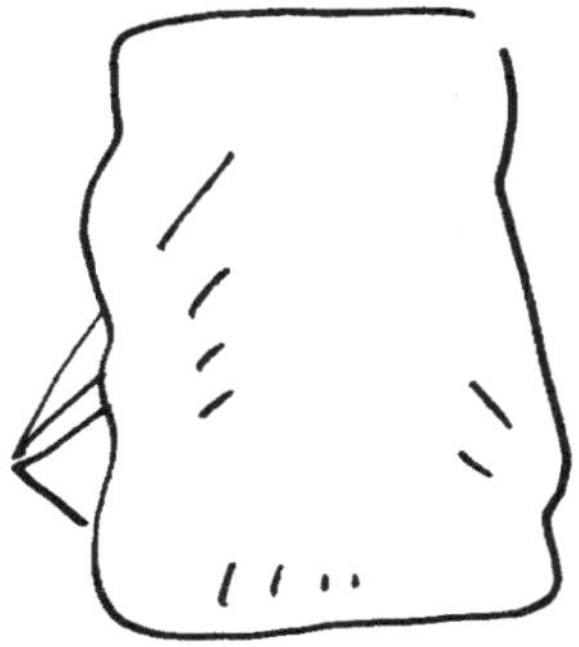

☆傘

風に弱く、片手がふさがってしまうため山歩きには不向き。ハイキング程度なら日傘もかねて持参してもよい。

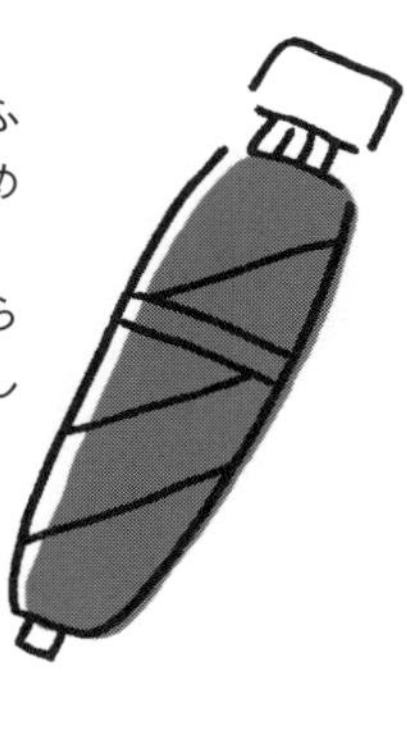

☆防水スプレー

レインウェア表地の撥水力が落ちてきたら防水スプレーでガード。衣類用のスプレーで十分だが、メーカーによっては指定スプレーがあるので購入時に確認を。

使い勝手いろいろな小物

ここがポイント!

1 小物はウェアの機能を補う

2 便利な使い方を覚えよう

ウェアの機能を補ってくれるのが小物たちです。手先を保温し保護してくれる手袋は、やぶや岩場の移動、炊事などの作業の上でも必需品。帽子は夏は日よけ、冬は防寒、雨が降れば軽い雨具にと、いろいろな用途に使えます。首まわりを保温するマフラーやバンダナも持っておきたいもの。スパッツは靴への水や小石の浸入を防ぎ、パンツのすそさばきも向上させます。

また、山は紫外線が強いのでサングラスも必要。いずれもかさばらないものなので、必ずザックの中に入れて出かけましょう。

☆手袋

夏は手の保護と日やけ防止が主な目的なので軍手でもよいが、雨の場合、濡れると冷えるので薄手のウールの手袋も持参。春、秋はウールやフリース製の保温性のあるものを。

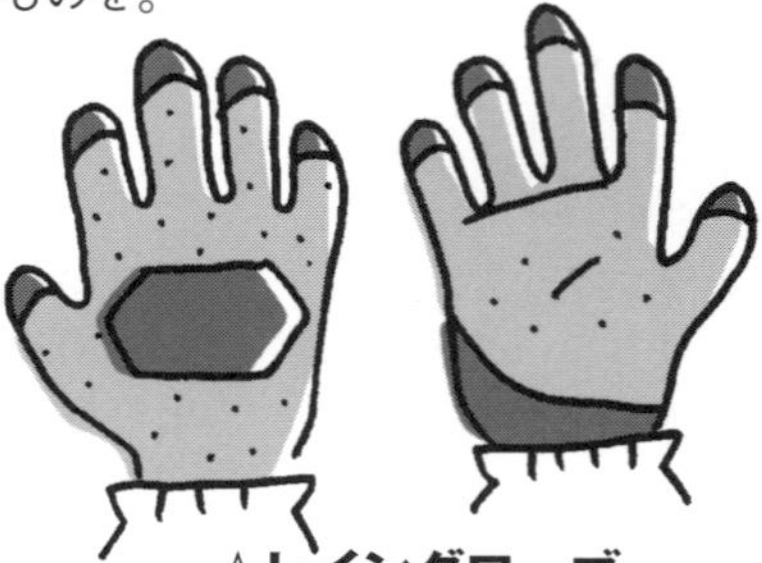

☆レイングローブ

雨に濡れて手先が冷えるのを防ぐレイングローブ。ストックを握るときに滑りにくい加工がされている。蒸れにくい防水透湿素材なら、雨天時以外にも手の保護用に活用できる。

☆冬用手袋

フリースやウール素材など保温性の高いものを。ストックを使うときには握る部分に補強材が貼られたものを選ぶと消耗しにくい。また、ごく薄手で二重にして使うインナーグローブもある。

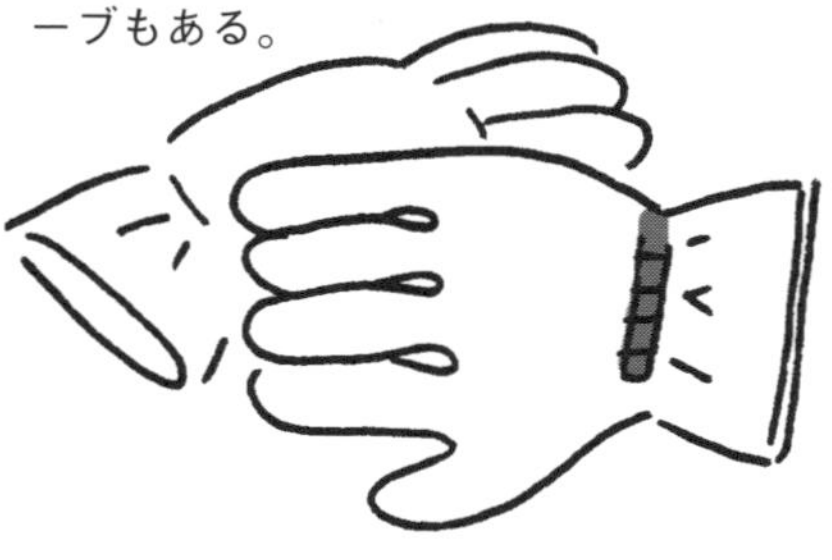

☆帽子

強い日ざしよけの必需品。万一の落石や転倒した場合の頭の保護にもなる。日焼け防止にはつばの広いものを。防水透湿素材を内蔵し、レインウェアのフード代わりに使える帽子もある。

☆防寒用帽子

冬はウールやフリースなど保温性に優れた素材で、耳までを覆うタイプの帽子が暖かい。頭部を保温すると体の熱が逃げにくくなるので、冬のハイキングでは重要な小物のひとつ。

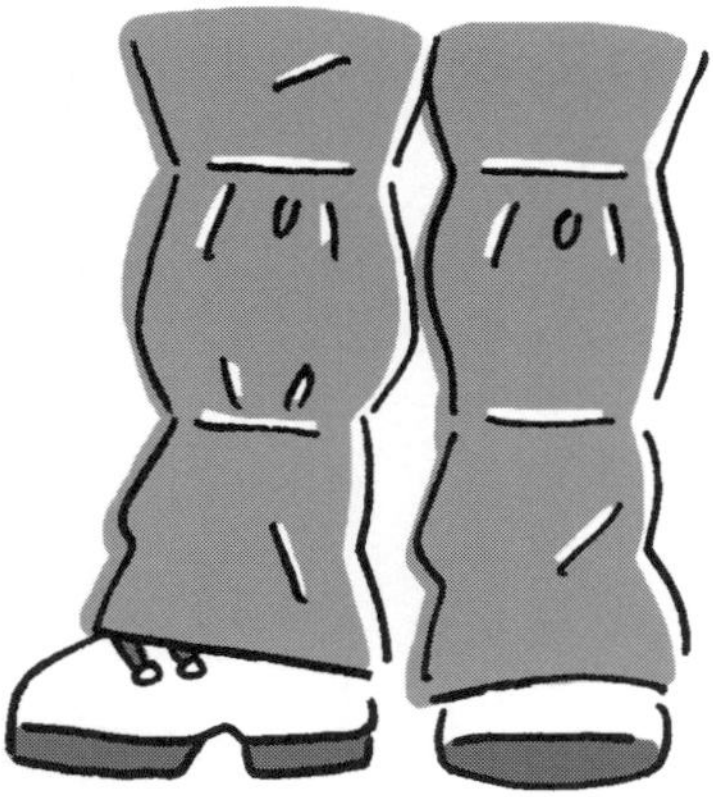

☆スパッツ

ロングサイズ、ショートサイズがある。靴に雨や雪が流れ込むのを防ぐレインスパッツ。雨天時以外でも、ぬかるんだ地面での水はねや泥汚れ防止に活躍。

☆マフラー

首まわりの防寒には肌触りのよいフリースのマフラーがおすすめ。ネックウォーマーと呼ばれる輪になったタイプもある。少し肌寒い程度ならシルクのスカーフを代わりにしても効果的。

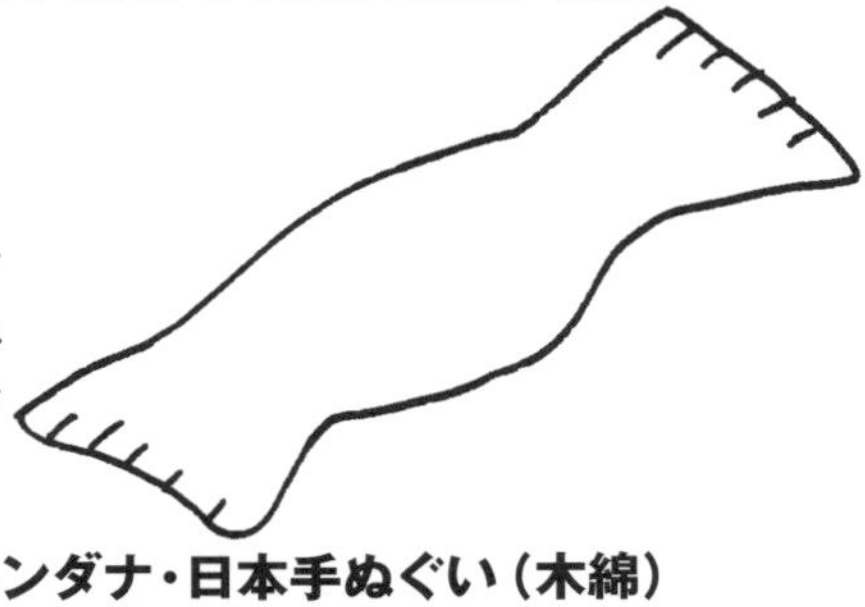

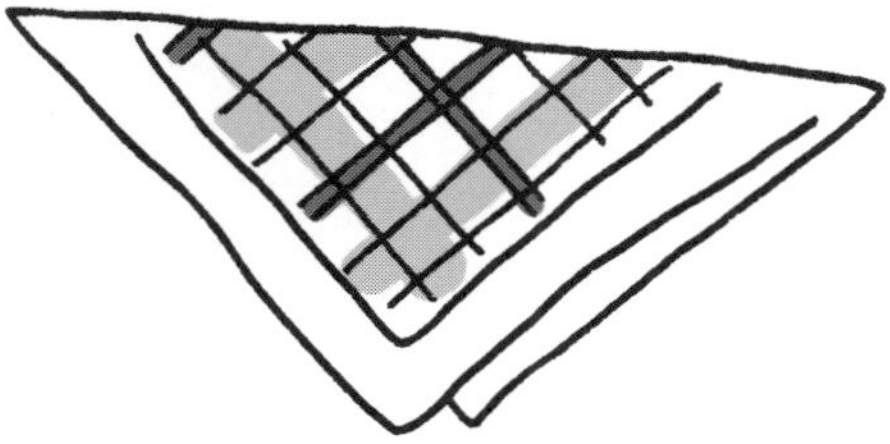

☆バンダナ・日本手ぬぐい（木綿）

バンダナは首まわりの防寒に、頭に巻いて汗止めやマスクにも。日本手ぬぐいはハサミがなくても切りさくことができるので、包帯や三角布代わり、また赤布代わり、編んでつなげばロープにも。１枚でいろいろな使い方ができ便利。

服装をチェックしよう

ここがポイント!

1. 事前にチェックを
2. 衣類はかさばる
3. 必要最小限に用意する

山に行く前には、必ず前日までに服装のチェックをしておきましょう。自宅から出るときのスタイルを並べ、寒くなった場合、暑くなった場合、雨が降った場合と、さまざまな状況を想定して、靴下やジャケット、防寒着、アンダーウェアなどをプラスしながらチェックしておくと、いざというときに慌てたりする心配がありません。

ただし、衣類は意外とかさばります。他の必要なツールを携帯し、軽快に歩くためにも、余計な衣類は持たずに必要最小限に納める工夫をしてください。

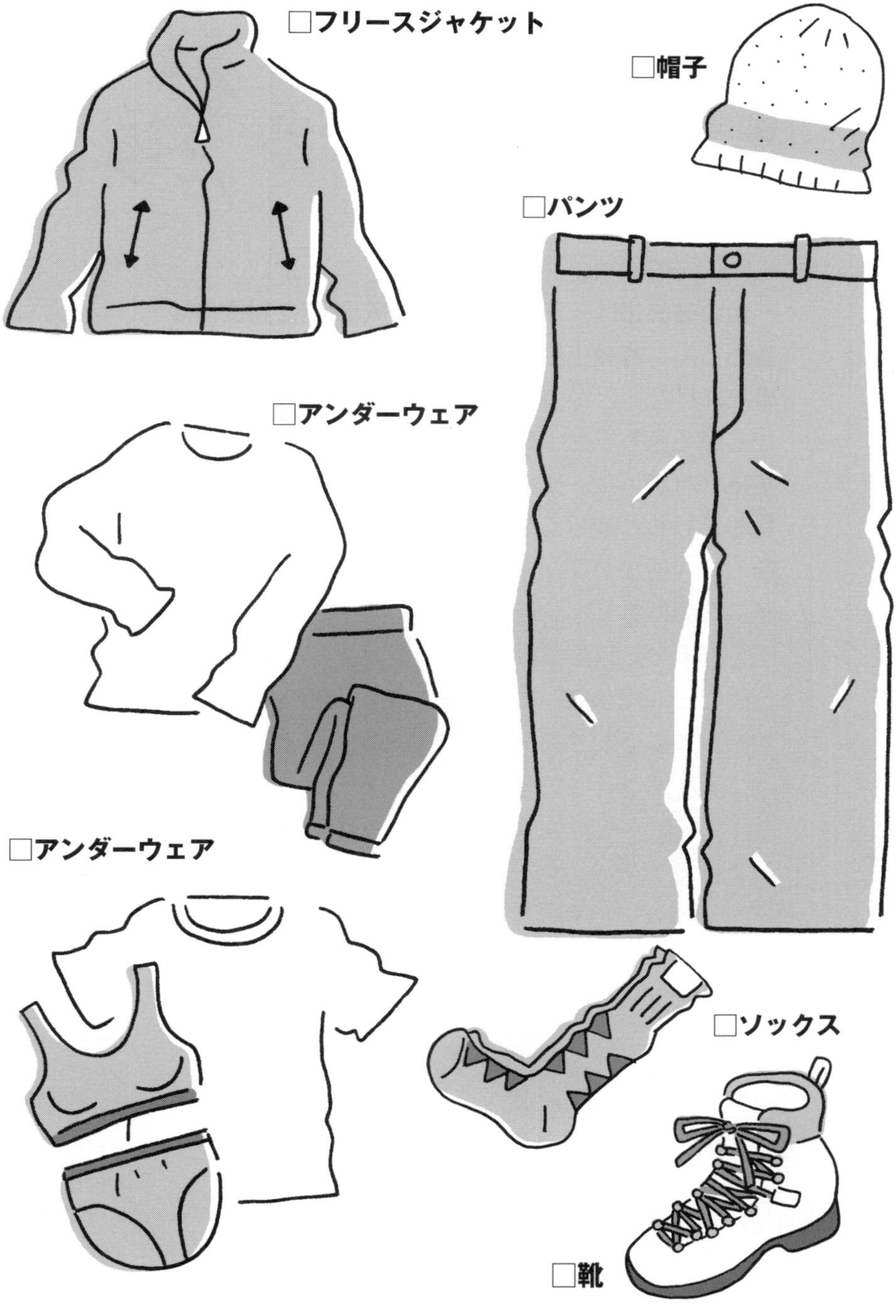
□フリースジャケット
□帽子
□パンツ
□アンダーウェア
□アンダーウェア
□ソックス
□靴

Column

衝動買いせずじっくり選ぶ

山の装備類は、日進月歩、素材の開発で利便性はもちろん、軽量化によって、中高年登山者増加に拍車をかけた、といっても過言ではないでしょう。しかも形も色もファッショナブル。かつての粗野さは払拭されました。登山専門店には品揃えが豊富、あれもこれもと欲しくなってしまいます。事前にメモをとり、何が必要か冷静に、店のスタッフにアドバイスを受けながら、靴、ザック、雨具など、自分の山行き目的に必要なものから、買い求めましょう。

山行きを重ねていくうちに、使い勝手のよいものがわかってきます。衝動買いはしないことです。ことに登山靴は、海外旅行先で安いからと買い求めたものの、靴ずれに泣かされたということがあります。最近は海外のメーカーでも日本の専門店と提携し、日本人向けの甲高幅広の靴を販売していますので、よく確認して選びましょう。

第4章

間違いのない装備を用意し、使い方をマスターする

山行きの目的にあったザックを選ぶ

2～3泊

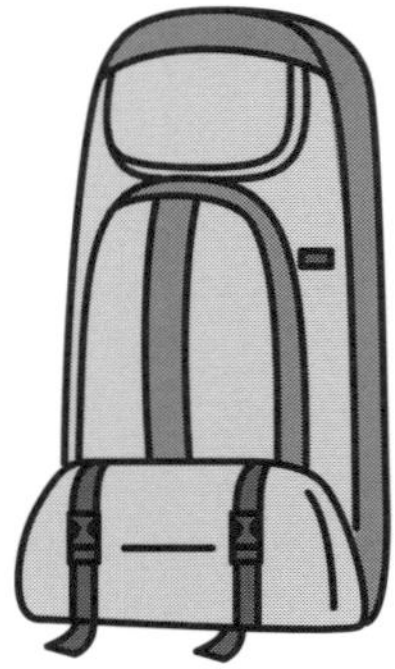

50～70ℓの大型ザック

日帰り

20ℓまでのデイパックや20～35ℓの小型ザック（ℓは容量を表す）

長期

70ℓ以上の超大型ザック

1泊

30～50ℓの中型ザック

さまざまなデザインのザックがありますが機能で選びましょう。まずは、作りと素材がしっかりしていることが大切です。形は外ポケットがたくさんついた物よりもシンプルな方が、一般的に機能、バランスともに優れています。

体にあわないザックは長時間背負っていると、痛みや疲れを引きおこすので、購入前に必ず背負ってフィット感を確かめて。ファスナー、ウエストベルト等も開閉して使い勝手を確認しましょう。山の専門店で知識のあるスタッフに相談しながら選ぶのがベストです。

ここがポイント！

1. 目的にあったサイズを選ぶ
2. デザインに惑わされず性能重視
3. 肩位置があい、背中にフィットしたものを

フィットしていないザック

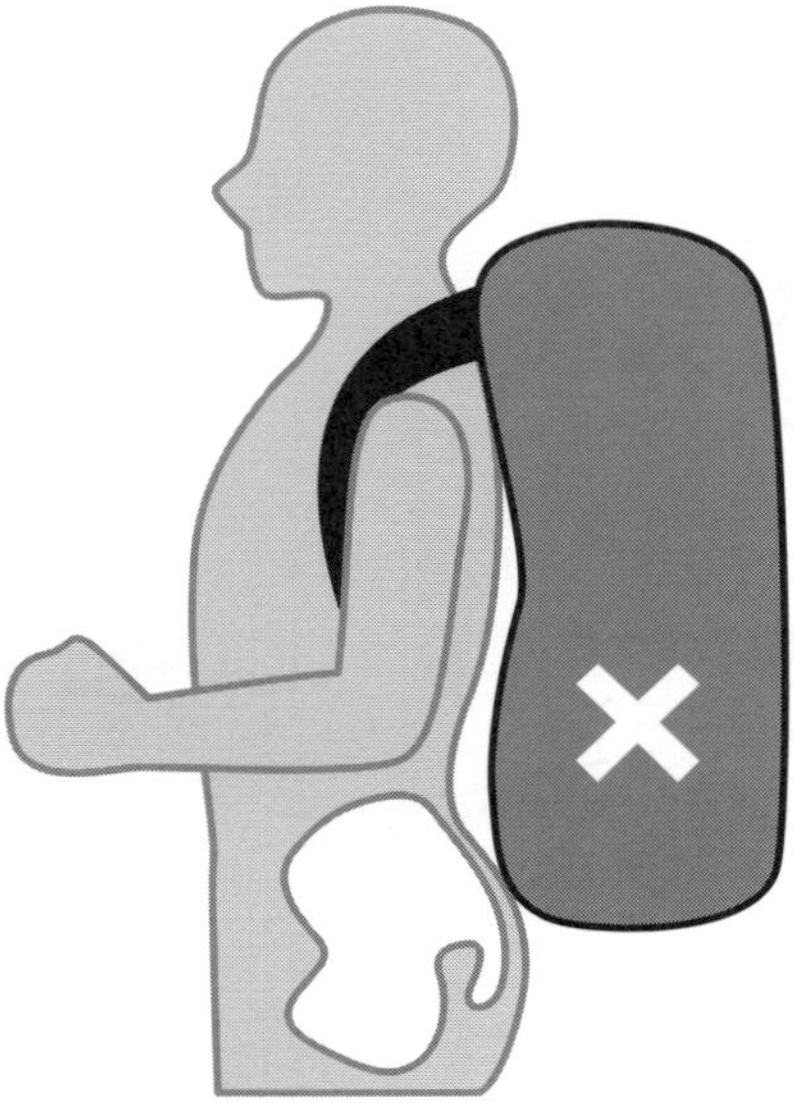

肩の角度や肩の厚みにあっていない。

フィットしているザック

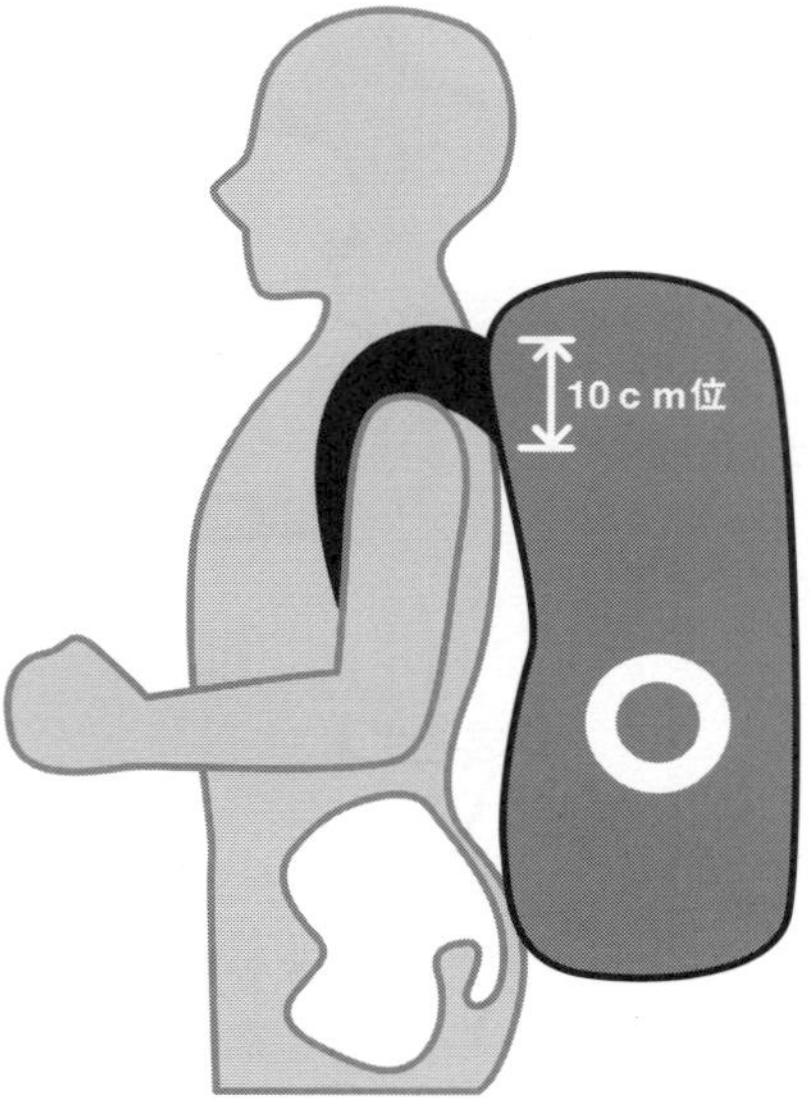

背中の長さとザックの背面の長さが一致している。

ウエストベルトで調整を

腰骨を覆う位置でウエストベルトを締める。肩に全体の３、腰に全体の７の荷重がかかるよう調節する。

上手なパッキング法

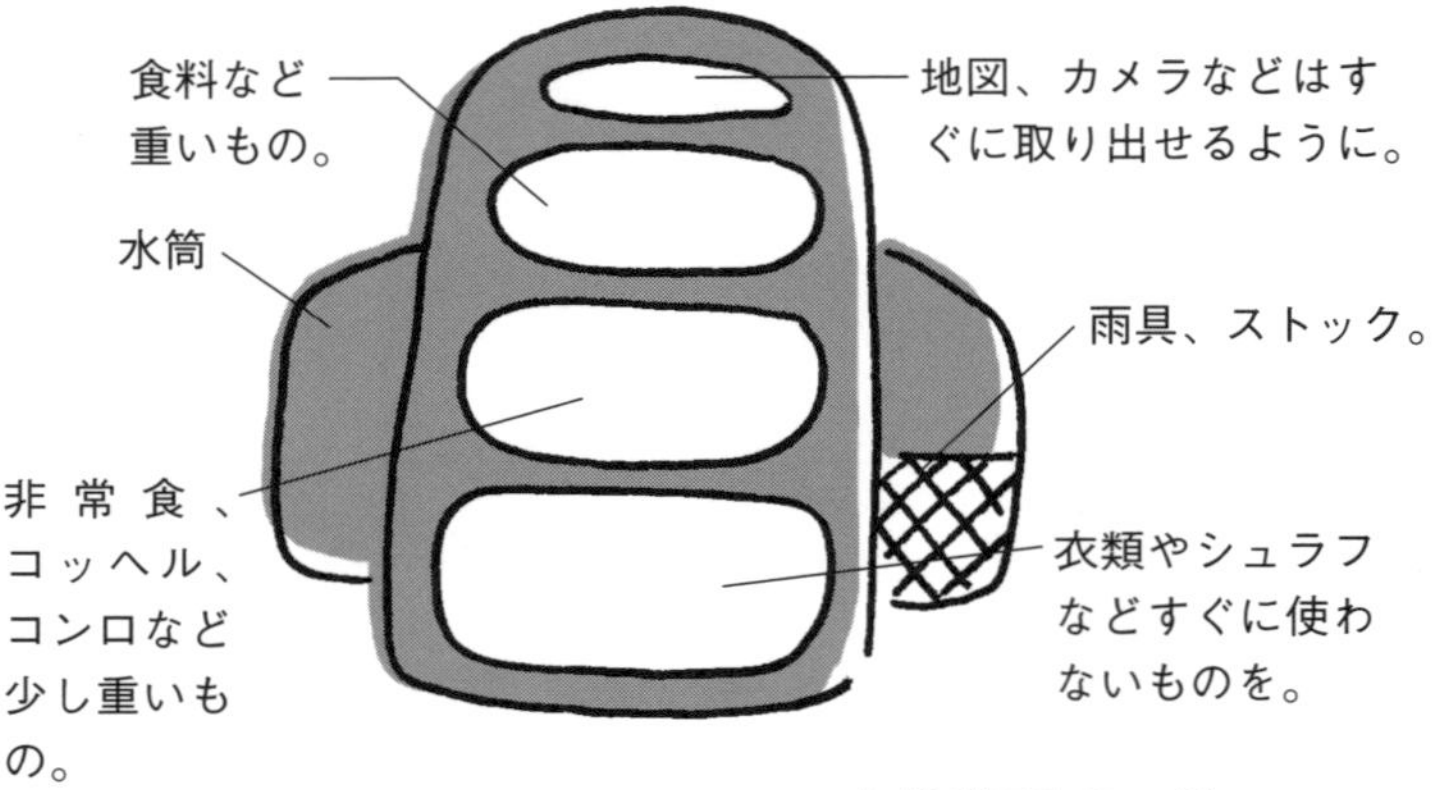

食料など重いもの。
地図、カメラなどはすぐに取り出せるように。
水筒
雨具、ストック。
非常食、コッヘル、コンロなど少し重いもの。
衣類やシュラフなどすぐに使わないものを。

防水効果のある袋に衣類などを収納。

小物整理バッグ

小物はバラバラにならないよう小袋に入れ、ひとつの袋にまとめる。

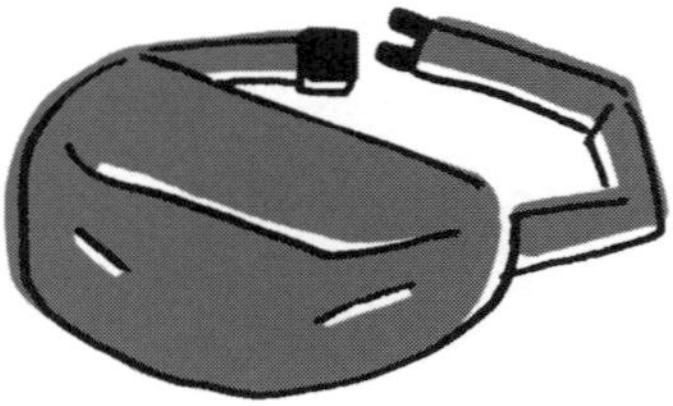

貴重品などはウエストバッグで身に付けておくと便利。

楽しい山歩きには荷物が負担にならないことが原則です。便利だからとあれこれ詰め込んでも、結局は使わずに無駄になってしまうことが多いもの。パッキングを始める前に、荷物をチェックして必要最小限の物だけを選びます。

経験を積むにつれて自分なりの工夫で、体力にあった軽量化がはかれるようになります。ザックは重心が上にある方が背負いやすいので、軽いものから順に重いものへと詰めてゆきます。雨具、地図などすぐに取り出したいものは上部やポケットに。

ここがポイント!

1. 無駄に詰め込まない
2. 必要なものを選ぶ
3. 詰め方を考える

パッキングしながら、背負って歩いてみる

自宅で荷物をパッキングしてみたら、山行きの服装をして歩いてみる。

姿勢

前かがみになっていないか、ザックの重さで後ろに倒れないかなどをチェック。

背中

背中にザックがフィットしているかを確認。歩くたびにザックの位置が動かないかどうか確認を。上下のバランス、左右のバランス、背中にごつごつ当たらないかなども大切。

足

ザックの重さで足元がおぼつかなくならないかどうかをチェック。

ザックの中身をそろえる

ここがポイント!

1 最悪の状況にも備える装備を

2 必要か不必要なものかを考える

山を歩くことは、自然の中で自力で生きること。都会生活とは違って、自分の身は自分で守らなくてはなりません。どんなことがおこっても対応できるように、最悪の状態に備えた装備が必要です。

荷物を最小限の重さにおさえるため、ひとつひとつの装備や道具が必要なものかをよく考えて選びましょう。

●裁縫セット

破れた服はひっかかったり、破れ目から風が吹き込んだりして危険。太めの針と糸、安全ピン、ボタンなどを入れておく。布ガムテープを張って応急処置もできる。

●ライト

小屋やテントの中だけでなく、道に迷って日が暮れてしまったときにも大活躍をするのがライト。ペンライトや、ひもつき懐中電灯、ヘッドランプなど、身につけられるライトがひとりに一個必要。高性能・防水仕様を選ぼう。出発前に新しい電池、電球を入れ、スペアも。

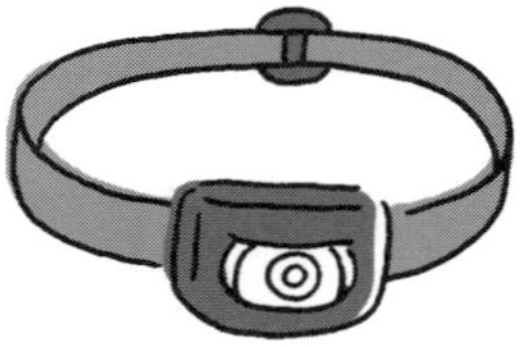

●ナイフ類

ナイフは山の必需品。多機能の十徳ナイフより、使い慣れたナイフ、スプーン、フォーク、箸など普段使っているものが使いやすくておすすめ。

●笛

緊急時や濃霧のときに役立つ。

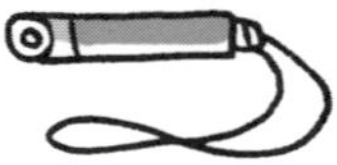

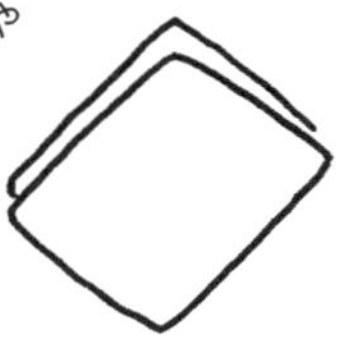

●健康保険証

万が一ケガをした場合に備えて、保険証は必ず持参。コピーでも大丈夫。

●ライター、マッチ

風よけ付きライターがベストだが、使い捨てライターで十分。ガスの残量が見え故障もあまりないもの。電子式は標高によって点火しにくいので、火打ち式に。マッチは防水袋などに入れるか、濡れても使えるタイプを。いずれも管理に注意を。

●テルモス

ステンレス製で高い保温力を持っています。寒いときは暖かい飲み物があると元気が出る。

●水筒

ポリエチレン製は、軽いが熱に弱く壊れやすい。金属製のものは重いが熱に強く壊れにくく、お湯を入れると湯たんぽにもなる。重さを考えて選ぼう。冬以外ならペットボトルで代用できる。夏は冷凍にして持参。

●地図とコンパス

霧の中や道に迷ったときに使用。山歩きの必需品。

●着替え

雨や汗で濡れた衣類は、体温を奪って体力を消耗させる。ひと通りの着替えを入れておけば安心。かさばるので日帰りの場合は、雨具や吸湿保温下着などで、濡れない工夫を。

●タオル、日本手ぬぐい

汗ふきに使い心地がよいのは一般的なタオル。日本手ぬぐいは、汗ふきの他、食器ふき、手でさけるので包帯など色々に使えて便利。各1本ずつ持参を。

●ティッシュ

水が十分にない場所で、食器の汚れをふき取るのにも便利。芯を抜いたトイレットペーパーでも。また、ウェットティッシュは手や体をふくのに気持ちがいい。

●ビニール袋

ものを入れるのはもちろんのこと、靴が中まで濡れたときに靴下の上からはく、露営のときの寒さや湿気防止、などなど用途は多彩。大・中・小のビニール袋2枚と、大きなゴミ袋1枚あれば重宝する。

●カップ

お湯も沸かせるように、ホーロー、アルマイト、チタン、ステンレスなど火にかけられるものが、便利で丈夫。

●リストバンド

手首をサポートするだけでなく、パイル地のテニス用のものなら汗ふきにもなる。

●スパッツ、手袋

（P.60、61参照）

●サングラス

晴天、雪山だけでなく、山は曇りの日でも紫外線が強いのでサングラスは必要。ストラップをつけておくと便利。

●筆記用具

こまめに記録を残しておくと、後々の山行きに役立つ。ポケットサイズの手帳と、ストラップ付きのペンがベスト。

●カメラ

デジカメでもフィルムカメラでも、記録やスナップには、ポケットに入るコンパクトサイズがおすすめ。濡らさないように防水バッグかビニール袋に入れる。

●双眼鏡

偵察の他、バードウォッチングなど、荷物に余裕があれば持っていくと楽しい。

●救急セット

ケガや水あたり、食あたりなど、急なトラブルに応急処置できるように、救急セットも必要。グループの場合は、分担を決めて持っていこう。

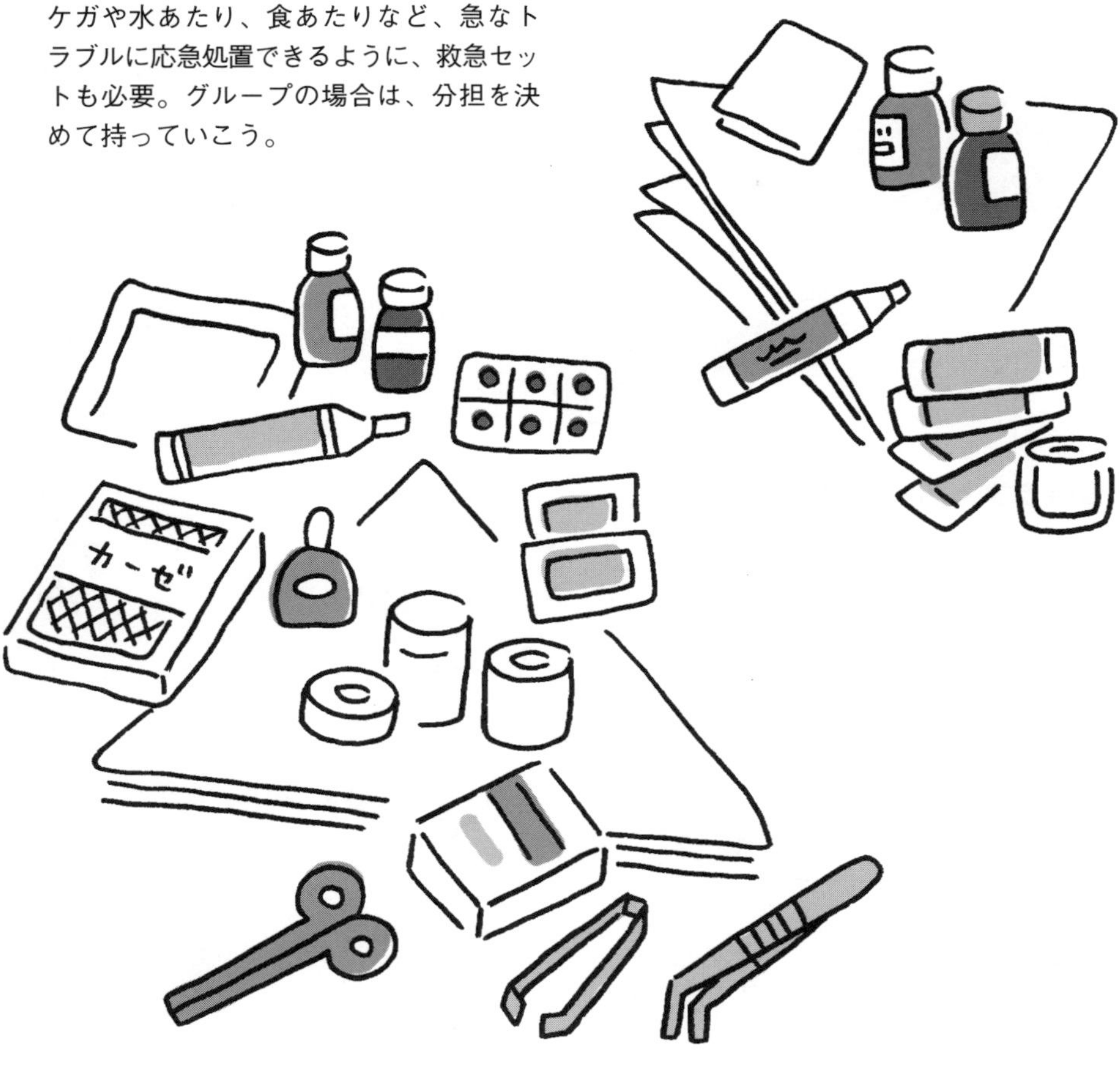

なるほどコラム

持ち物を個人と共同で持ち分ける

個人では、救急ばんそうこうや傷・虫刺され用薬、サポーター、持病の薬など。かさばるものはメンバーで振り分けて持つようにします。解熱・鎮痛剤、カゼ薬、胃腸薬、下痢止め、湿布薬、目薬、消毒液、ストレッチ包帯、三角巾、消毒ガーゼ、安全ピン、とげ抜き、ピンセット、虫除けスプレー、テーピング用バン、消炎剤軟膏、外用副腎皮質ホルモン軟膏など。

シュラフの使い方を知っておこう

ここがポイント!

1. キャンプや宿泊に必要
2. 使い方をマスターしておく
3. 災害にも役立つ

シュラフはアウトドア用の寝具です。コンパクトで軽量、体全体をすっぽりと包み込み、保温力にも優れているのでキャンプや野外での宿泊には欠かせません。

　地面の凹凸感と、地面の冷気をシャットアウトするマット。薄地のアルミ箔のものは軽くて便利。テントが結露する冬場は、防水効果のあるゴアテックスのシュラフカバー。また、シュラフシーツを内側に入れると肌触りがよく、汚れも防げます。初めて利用するときは、家でシュラフを敷いて眠る練習をしておきましょう。

マットを使う

地面の冷たさをマットで遮断する。地面のゴツゴツ感もなくなる。

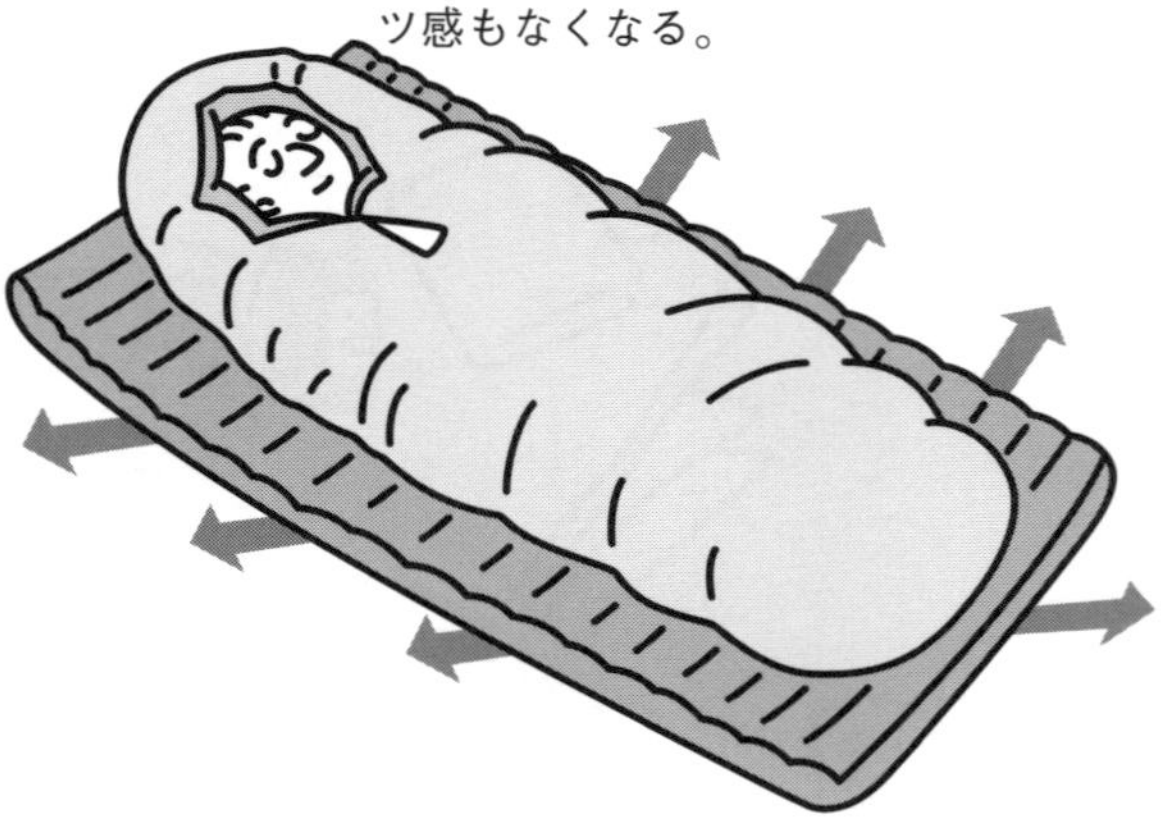

シュラフカバーを使う

シュラフが濡れたり凍ったりするのを避ける。冬場に利用。

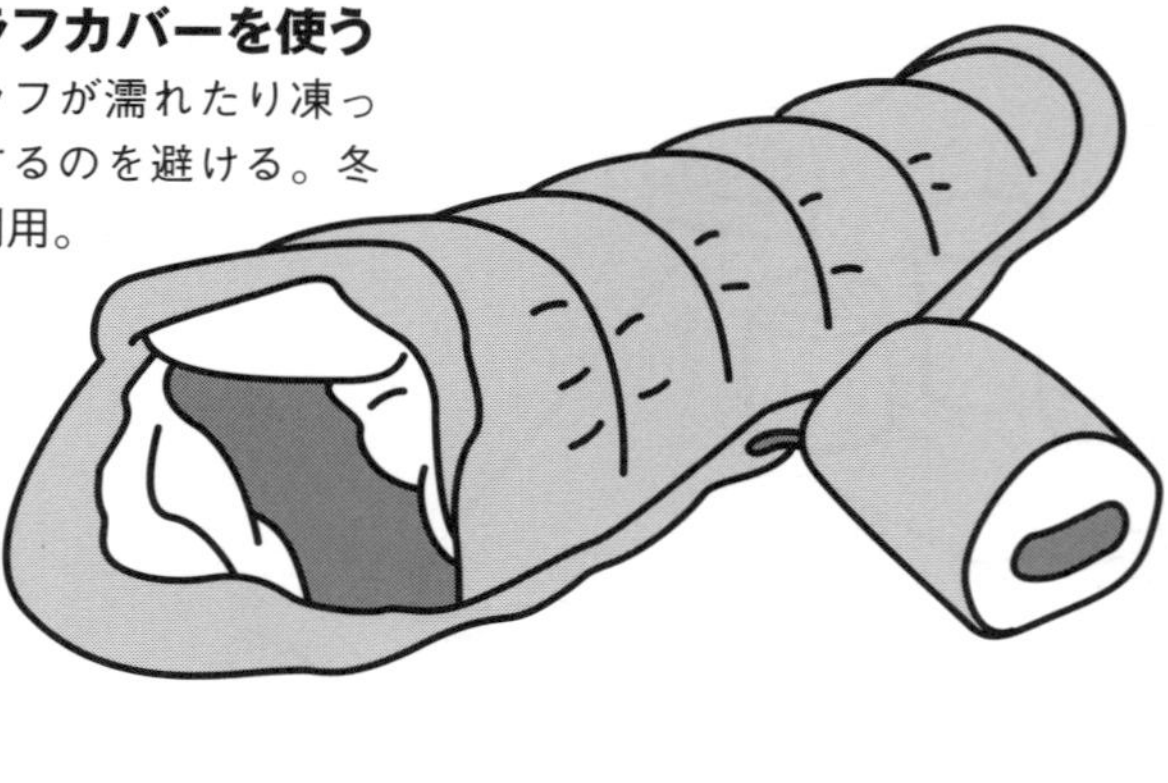

テントの使い方を知っておこう

ここがポイント!

1 テントの種類を知ろう

2 テントを張る場所を確認する

3 テントの張り方をマスターする

テント

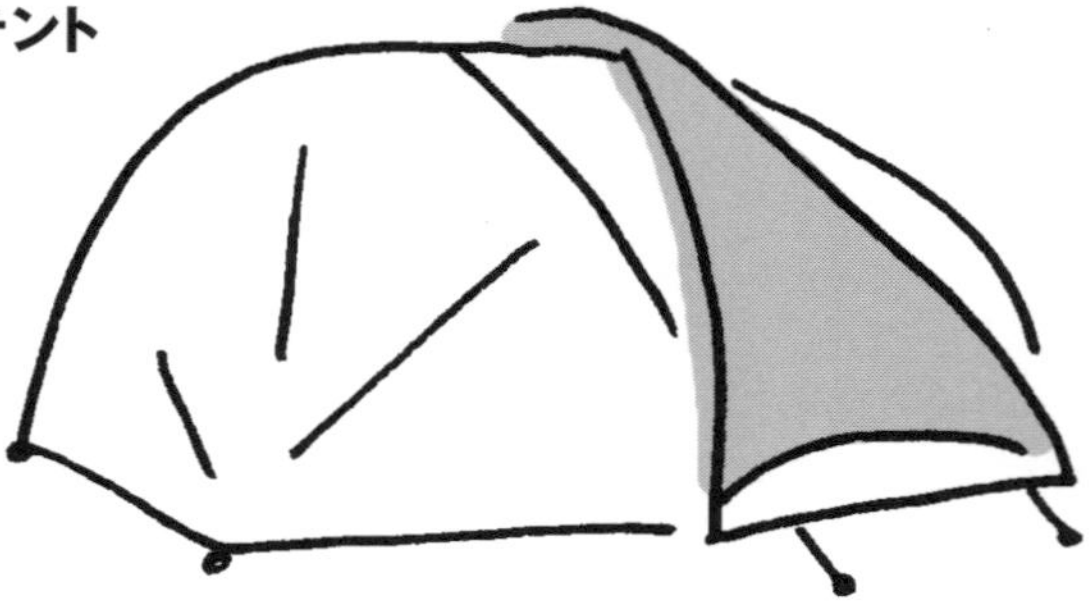

ドーム型やロッジ型が。ポールを骨組みにし、防水布で壁をつくる。

ツェルト

簡易テントになるシート。1泊しない山歩きでも非常用具として持参する。

暖かく天気の良い場合を除いて、小屋以外の宿泊にはテントが必要です。山の装備にテント、シュラフ、食料などのおびただしい荷物をかついで歩くのは体力のある若者にとっても厳しいもの。山行きには、キャンプ用のテントではなく、小さくて軽い登山用テントを使いましょう。素材は薄いナイロンが主流です。

気ままなイメージのあるテント泊ですが、テントはどこにでも張れる訳ではありません。キャンプが自然に与えるダメージを考慮して、自然公園の特別保護地区、原

タープ

ポールと張り網を使って立ち上げ、固定する日よけ雨よけの布。

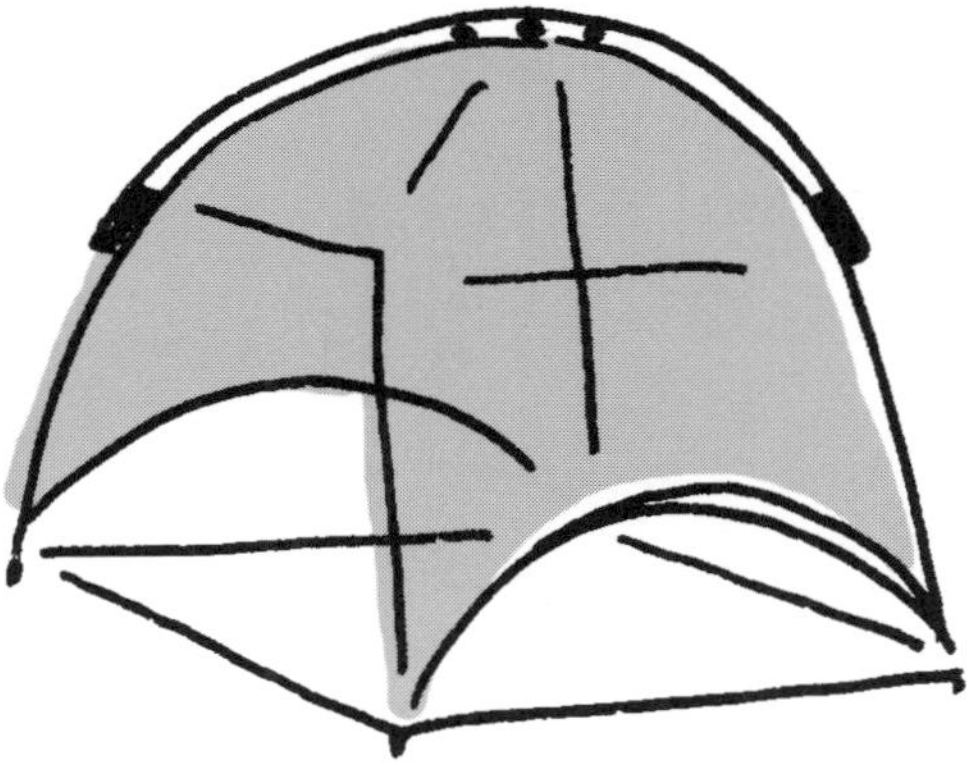

ワンタッチテント

ポールや張り網を使わずに、広げればテントになるもの。

生自然環境保全地域、自然環境保全地域の中では、設営場以外の場所でのテント設営は禁止されています。初心者はキャンプ場に指定された場所で張るのがベター。最初はテント常設のキャンプ場で体験してみるのもよいでしょう。キャンプ場では、炊事場やトイレを汚さないように使用し、周りの人に迷惑をかけないようにするのがルールです。

また、キャンプ場によっては、テントのリースがあります。重い荷物は負担になります。リースのテントを利用するのもひとつの方法です。

ザイル、ストックを選ぶ

ここがポイント!

1 ザイルの種類を知る

2 ザイルの使い方を覚えよう

3 ストックの使い方を覚えよう

ザイルとはドイツ語で登山用のロープのこと。現在は一般的にロープと呼ぶことが多く、太いものをザイルと呼び分けている場合もあります。3㎜以下のロープを細引きといいます。テントのひもや干し物に利用したり、修理用などに利用します。

　ザイルは岩登りや沢登りなどに使用しますので、初心者が使う機会はそんなにありません。ただ、山歩きには、細いロープは必ず持参しましょう。非常時に2、3本をつなぎダブルにして使用するとザイルの代用になります。

知っておこう

登山歴がザイルを決める

　登山専門店には数多くのロープがそろっています。直径、素材も多種類あり、長さも好みでそろえられます。大切なのは、何に利用するかです。自分の登山歴、どの山にいつ登るかなどは、ロープ選びにも関係してきます。スタッフに相談して、自分にあったロープを選びましょう。選んだら、基本的な結び方や保管方法も教えてもらいましょう。

　鋭利なものに当てると断裂寸前になることもあります。岩角など鋭利なものには直接当てないよう布などを当てるようにします。また、ロープを握ったまま急激に摺れると火傷をすることもあるので、手袋着用を。

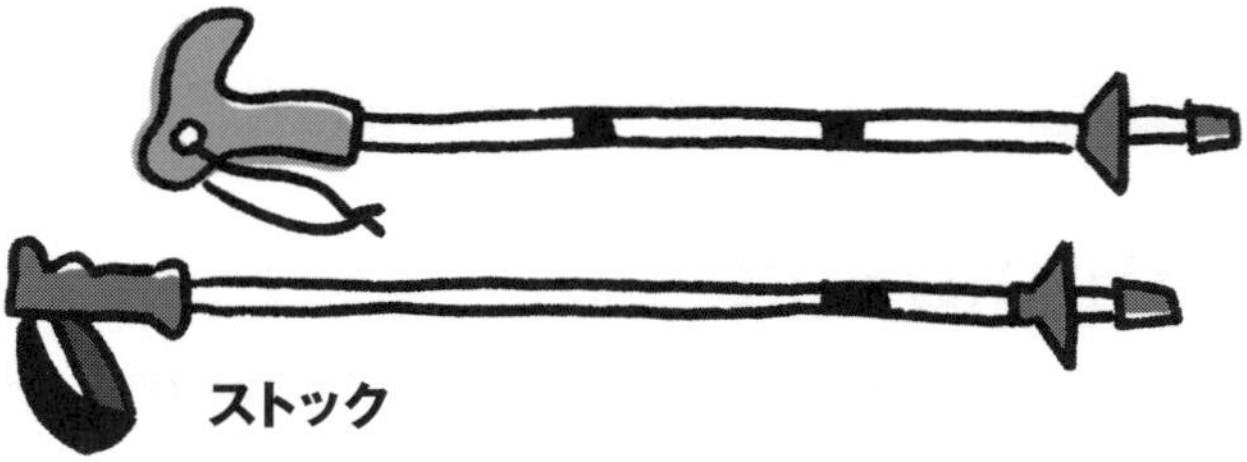

ストック

グリップタイプがＴ字型とＩ字型がある。Ｔ字型はおもにシングルで用いる。山の植物や植生を保護するため先端にゴムキャップがついているものがよい。ただし、雪のときはキャップをはずし、リングをつけかえる。現場と自分の技術に応じて使い分ける。

下りでの持ち方

手首にテープを巻き、グリップの頭をつかむ。

登りでの持ち方

テープを親指にかけて握る。

ストックは歩行を支える道具です。２本の足以外の支点を持つことで、バランスが安定し、特に長い下りのコースや雪渓で使うと体力の消耗（ひざには体重＋荷物の約３倍の力がかかります）を防いでくれます。

登山用ストックには、スキーのように２本を持つダブルストックと、１本のシングルストックがあり、通常、２〜３段の伸縮式。身長や場所によって長さを調節します。下りは長めに持ちます。

シングルは不安的な地形でバランスを取るときに、ダブルは重い荷物を背負ったとき、腕力を使って積極的に歩くときに使います。突いたショックを和らげるスプリング内蔵タイプもあります。

Column

山の道具は日常生活や災害にも役立つ

ザックはファッションとして、また山とは縁のない中高年の人たちにも愛用されるようになりました。ただ、ファッショナブルなザックは、山では機能性がないので適しません。見た目ではなく、機能で選んでください。

山の道具は災害時に役立ちます。ライトや手袋などの小物類、シュラフ、ザイル、テント。登山靴は瓦礫の上を歩くのに、身を守ってくれます。

ビニール袋はかさばらず、中のものが見えるので重宝します。ゴミ袋は首と手の部分をカットすれば雨具に早変わり。衣類が濡れた場合、ゴミ袋に収納します。生ゴミの分別用などアイディア次第。大中小持参しましょう。

割り箸は捨てずに持ち帰ります。下山時のゴミ拾いや非常時の焚き火用火種に役立ちます。

第5章

山だからこそ、しっかり食べ、食事を楽しむ

山での食事は行動食が基本

行動食

基本となる食事。すぐに食べられ、カロリーが高いものを持っていこう。グループでメニューを決めたら、持ち過ぎないためにもメンバーで担当を振り分けるのもよい。

おにぎり（海苔は湿るので巻かない、海苔袋ごと持参し、食べるときに巻く。食中毒予防に梅干しやシソご飯にする）

サンドイッチ（パンと具を別々にラップで包んで持参する。現地ではさんで食べる）

あんパン（甘味のある菓子パンは糖分補給にもなる）

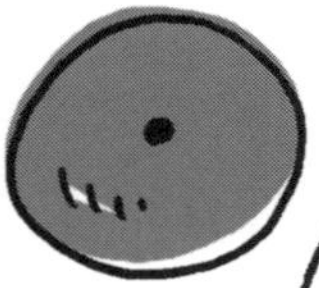

チーズ（カットしたものが便利）

インスタント味噌汁（水分と塩分補給に最適、保温水筒にお湯を用意しておく）

山ではゆっくり食事がとれるとは限りません。一日の行程が長時間で食事の時間が十分にとれない、雨風を避けて木陰や岩陰で立ったまま食事をする、天候や足場が悪くコンロが使えないなど、厳しい条件下でも食べられる食事を用意しましょう。基本はすぐ食べられてカロリーが高い行動食です。

また、道に迷ったりケガで動けなくなるなど、山では思いがけないことがおこります。グループで行動する場合でもサプリメントフードなどの非常食は各自が持ちましょう。

ここがポイント！

1. 短時間で簡単にとれるもの
2. 高カロリーですぐに栄養補給
3. 非常食は各自で持参する

バランス栄養食品

通常の食事がとれないときでも栄養補給ができる。歩きながら、短時間でも食べられるので便利。いざというときの非常食にもなる。ブロックタイプ、缶タイプ、ゼリータイプなどがある。味も多種類あるので、お好みのものを持参しよう。

ひとつにまとめる（非常食としてひとつの袋にまとめておこう）

その他

休憩のときや歩きながらでも食べられるものを用意しよう。

チョコレート（カロリーが高く、疲労回復にも役立つ）

キャンデー（糖分補給に）

レモン（輪切りにしたレモンスライスをはちみつにつける。さっぱりとした口当たりで糖分、ビタミンC補給にも）

バナナ（カロリーが高く、エネルギー補給に最適）

チューブタイプ（練乳や練梅など。糖分、塩分補給に）

なるほどコラム

食料はメンバーの数、日程で分担を

日帰りの行程でも、非常食は用意していくのが基本。ただ、荷物が重くなると負担になるので、あれもこれももっていくのは避けること。とくにおやつをたくさん持参して、仲間に分けようと思うのはよいが、量が多過ぎると負担になります。もらったほうも「次はお返ししなくちゃ」と思ってしまい、荷物が増えるばかりでなくストレスになってしまいます。

メンバーが多い場合は、共同で計画します。連泊の場合は、それだけ持参する食料も増えるので、メニューを決め、分担して持参します。日程が長いほど、必要最小限の荷物を心がけましょう。

水は命。水分を十分にとる

保温水筒（テルモス、サーモス）

保温性が高い水筒。ステンレスまたはチタン製が軽量、コンパクトで携帯性に優れているものが便利。お湯をいれて持参。

ペットボトル 水筒にペットボトルを利用すると軽くて便利。保冷袋にいれておくと冷たさが持続する。

ここがポイント!

1 水は必ず持参する

2 がぶ飲みせずに少しずつ飲む

水分が不足すると脱水症状を起こすだけでなく、浮腫の原因にもなります。しかし、湧き水、川の水などは、水源近くに山小屋などがあれば汚染されていると考えられるので、飲料水としてあてにしない方が無難です。

水は必ず持参しましょう。水筒の水は残量を確認しながら飲むこと。なくなると困るだけでなく、がぶ飲みすると食欲が落ち、疲れの原因になります。残った水は緊急用として家に着くまでキープしておきます。下山後は、十分な水分補給を。

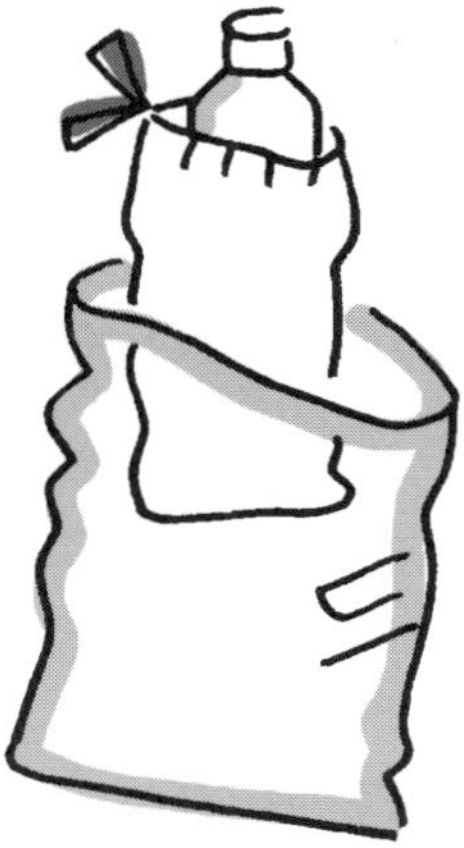

凍らせる

ペットボトルに水を8割程度いれ、凍らせておく。水をいっぱいにして凍らせると膨張するので注意。登っている間に解けて、冷たい水が楽しめる。結露するので、タオルに包み、ビニール袋にいれて持参。

レモン水

レモンはスライスしたものを容器にいれ、飲む前に水にいれる。荷物に余裕があれば持参したい。好みではちみつをいれるのも。

水分補給は計画的に

山では、水は大切な役割を果たします。水分補給はもちろんのこと、ケガをしたときに傷口を洗う、目に異物が入ったときに洗うなど、さまざまなことに役立ちます。登っている途中で飲みきってしまわないよう、必ず緊急用に残しながら、計画的に飲むようにしましょう。湧き水で水分補給をする場合は、沸かして飲むようにしましょう。

なるほどコラム

非常時には糖分や塩分補給が大切

食事をとりそこねたときや、体力がなく疲れやすい人は、休息時間を利用してチョコレートや、アメ、フルーツケーキなどの甘いものを食べて、エネルギーを補給しましょう。糖分は体の中ですぐに熱に変わり、カロリー源になります。

ただし、休憩ごとに食べていると喉が渇くので食べ過ぎないように気をつけます。菓子類以外での糖分補給なら、水分もあって食べやすいバナナやミカンがよいでしょう。またレモンの輪切りのはちみつ漬けは、糖分とビタミンCの補給になり元気が回復します。梅干や昆布などで塩分補給も大切です。

簡単な調理器具で野外料理を楽しもう

ガスバーナー
軽量なものでは100gほど。

セット
食器セットや調理器具セットなど、登山用品店にはさまざまなものがそろっている。ただ、これらはいくら軽量化が進んだとはいえ、荷物となると初心者にはかなりの負担。最初は、どのように使うのか、自宅や庭、車で行けるキャンプ場などで楽しみながら使ってみよう。

ここがポイント!

1. コンロはコンパクトなものを
2. 軽くて丈夫な材質を選ぶ
3. しっかりした使いやすいナイフを用意する
4. ひとつのツールを複数の用途で使う

温かい飲み物や食事は、山歩きで疲れた体を癒してくれます。簡単なコンロと食器を持参して調理をすれば山での食事はぐんと充実したものになります。燃料にはガスボンベを使うガスバーナーと固形アルコール燃料があり、固形アルコールは主に、コンロ（ストーブ）にセットして使用するタイプと、容器が簡易コンロになった2種類があります。

食器は軽くて丈夫なアウトドア用調理器（コッフェル）がいろいろあります。カップより大きめのクッカーは鍋代わりにもなります。

トイレットペーパー

トイレットペーパーは芯を抜いておくと、かさばらない。トイレでの利用以外にも、水のない場所で食器をふくなどに利用できる。

紙パック

野菜のスティックやトマトなどを紙パックにいれて持参する。紙パックは広げればまな板、骨折のときには副木の代わりにもなる。

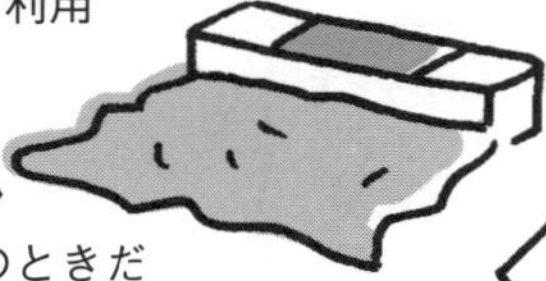

アルミホイル

焼き物の調理のときだけでなく、食器にも利用できる。火をおこすときの風よけにもなる。

ナイフ

ナイフはシンプルなものを。アーミーナイフのように多機能なものもあるが、バランスが悪く使い勝手がよくない場合も。

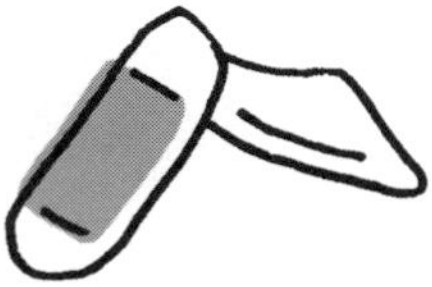

カップ

チタンやステンレス製で２層式のものは保温性が高い。非常時に直接火にかけられるものが便利。

なるほどコラム

事前に予行演習を

山の道具の鉄則は、「登る前に使ってみる」「登る前に着てみる、はいてみる」です。新品を購入したまま、山に持参することはやめましょう。持ってきたものの、使い方がわからなければ、持っていないも同然です。

用具であれば必ず事前に使ってみることです。使い方がわかれば、どのようなときに持参すればいいか、何が必要かわかってきます。ウェアも同じ。必ず着てみる、靴であればはいてみることです。

活用したいフリーズドライ・レトルト食品

インスタント食品
味噌汁、ご飯、カレーなどさまざまなインスタント食品を利用しよう。カップタイプはかさばるので、袋タイプのものを選びたい。お湯が必要となるので、簡易コンロが必要。少量なら保温ポットでお湯を持参しよう。

コーヒー、紅茶
パックタイプはパックがゴミになるので、フリーズドライのものが便利。

野菜を袋にいれる
サラダの材料とドレッシング（塩、コショウなど）を袋にいれる。

袋を振ってまぜる
袋ひとつでサラダの出来上がり。

ここがポイント!

1 レトルトで献立を考える

2 荷物を軽くするならフリーズドライで

コンロがあれば短時間でお湯が沸かせます。温かい食事を手軽にとるにはフリーズドライやレトルトの食品を活用します。ごはんから、カレー、牛丼、おでんなどレトルト食品が市販されています。

荷物を軽くしたいなら、水分を抜いたフリーズドライを。味噌汁や麺類のほか、アウトドア専門店には、ごはん入りのカレー、丼もの、雑煮など、登山用に開発された栄養価の高いフリーズドライ食品がいろいろそろっています。

野菜類は洗って水気を切ってカットして持参します。

余裕があるときは、クッキングを楽しむ

山で料理をしてみんなで食べるのは、楽しいものです。しかし、料理となるとそれなりの器具が必要。体力、経験ともに十分になってから始めましょう。また、登山ではなく、キャンプ場などで予行演習をしておくことも大切です。

やみ鍋

好きな材料を鍋にいれ、砂糖やしょうゆで好みに味付けします。材料は食べる量だけ、あらかじめ食べる大きさに切っておき小分けにして持参します。

注意!

火を使うときは必ず風向きを確認しておく。風の強いときは火をおこさない。コンロのまわりを石や土で囲む。周囲やとくに風下にものを置かないようにする。いざというとき消火できるよう水をそばに置く。乾燥した草地の上で火は使わないようにする。

うな丼

レトルトのうなぎを温め、ごはんの上にのせるだけでうな丼の出来上がり。味噌汁、漬物、デザートで、フルコース気分。

自然をアレンジ

植物の葉などを皿代わりにすると、同じ料理でもグレードアップ。食べるだけでなく、料理を楽しむ余裕も時には味わいたいものです。

なるほどコラム

ティータイムを楽しむ

お湯を沸かしてコーヒーや紅茶抹茶などを山でいただくのは、贅沢な楽しみです。砂糖やはちみつをいれると、疲労回復、エネルギー補給にもなります。とくに肌寒くなってきたら、温かい飲み物は体力の回復をうながします。

なにより、リフレッシュした気分になり、心まで暖まるのでこれからの足取りが軽やかになるものです。

山を汚さない後片付けを

口を閉じる
ゴミ袋は必ず口をしっかりと閉じるように。漏れるのを防ぐとともに、ニオイも封じる。

ふき取る
汚れやとくに油ものはしっかりとトイレットペーパーなど紙でふき取っておく。

川で洗わない
食器や米など、絶対に川で洗わないように。山のマナーの基本。無洗米かあらかじめ家で洗って乾燥させた米を持参。

ここがポイント!

1 ゴミは持ち帰る

2 ゴミになるものは持っていかない

山で出したゴミは持ち帰るのがルールです。文明から持ち込んだものは自然に大きなダメージを与えます。食料の袋や調理で出たゴミは袋にいれて自宅まで持ち帰りましょう。

あらかじめゴミを少なくする工夫をして出かけると、荷物の負担も少なくなります。調理する野菜類は洗ってすぐ使えるように切って袋にいれておく、食べきれないほどの食料を持っていかない、箱入りのものは中身だけ持参、使い捨て食器は使わないなど、山でこそエコロジーの実践を。

Column

疲労による食欲不振対策

　山での食事タイムは「生きていてよかった」と思える楽しいひと時です。店で調達したおむすびより、手作りがおいしいと実感できます。ところが疲労が重なるとまったく食事がのどを通らない人もいます。個人差もありますが、自分の食べやすいものを小分けにして持参、休憩のとき少しずつ補給しましょう。ただ、休憩ごとに食べ過ぎると、肝心の食事が苦しみになります。山では甘味だけでなく、レモンや梅干し、塩昆布、また冷凍したぶどう、かんきつ類、水分の多い生きゅうりなどが胃に負担をかけずおいしいものです。

　山の動物や野鳥たちに「餌をやらない」「ゴミは持ち帰る」が大前提です。大自然の中へ踏み込んでいるのは人間なのですから、マナーを守り、共生の一助としてゴミ拾いも心がけましょう。

第6章

体力にあった
コースの組み方が、
楽しい山歩きを
約束する

目的に応じて山を選ぶ

初心者は低山歩きから始めよう

ここがポイント!

1 登山の目的を考える

2 ガイドブックなどで情報収集

準備が整ったら、目的地を選びましょう。山歩きにはいろいろタイプがあります。登頂を最大の目的とするピークハンター。日帰りで都市周辺の標高５００〜６００ｍの低山を歩いて、山の雰囲気を味わう低山ハイキング。高山の周辺を歩き、山の雄姿を楽しむトレッキング。尾瀬に代表される湿原ハイキング。最近では、百名山を目的とする登山も盛んです。

　ガイドブックなどで情報を集め、自分だけでなくメンバーの体力と経験を考えあわせ、山を選ぶことが大切です。

トレッキングは、経験をつんでから挑戦したい

湿原は、木道が完備されているので、家族で湿原に咲く花を堪能できる

頂上をめざす

なるほどコラム

山を歩くと健康になる

大自然がもたらすリラックス効果はもちろんのこと、ウォーキングは足腰と心肺機能を鍛え、足裏の刺激で大脳の働きも活発になります。また、森林の植物から発散される揮発性活性物質による、森林浴効果も都会で疲れた体を回復させてくれます。山歩きは心身の老化を防ぐ健康法といえるでしょう。

体力と時間に応じたコースの取り方

ここがポイント!

1 メンバーにあわせたコースを設定する

2 余裕を持って時間設定をする

●鉄道	目的の山付近までは鉄道で。夜行を利用すれば、現地で宿泊しなくても1日がフルに使える。ただし、体力に応じて。
●バス	長距離バスで目的地付近まで。鉄道駅から登山口まで。また、ルートの途中にバス移動がある場合は出かける前に最新の時刻表を確認すること。
●タクシー	バスの通っていない登山口や、バス便が少ない場合に便利。事前に予約をしておくと安心。
●マイカー	時間を気にせず、自由な行動ができる。ただし、交通渋滞で予定が狂うことも。下山してからの運転は、疲労も重なるので、初心者は避けたほうが無難。
●コースの状況	ガイドブックや自治体の案内パンフレットなどを参考に、地図を見ながら予測。距離だけでなく等高線から傾斜も考えて。とくに大雨後は土砂崩れなどの状況を確認しよう。
●コースタイム	コースの各ポイントからポイントへの予測時間をたてる。食事、休憩、トイレの時間も忘れず加算すること。

同じ山でもいくつかの登山ルートがあります。予定ルートをカバーする地図を用意して、そこにガイドブックなどで得た情報とルートを書き込み、所要時間を予測。子どもや高齢者も交えたファミリーでの山歩きなら、平易なルートを選び、時間の余裕を持った計画を。休憩を含め季節や人数にもよりますが、初心者なら4～5時間がよいでしょう。エスケープルートも考えておきます。バスやロープウェイも上手に利用しましょう。交通機関のスケジュールは必ず事前に最新情報の確認を。

高尾山を例に、コース設定をして、時間を考える

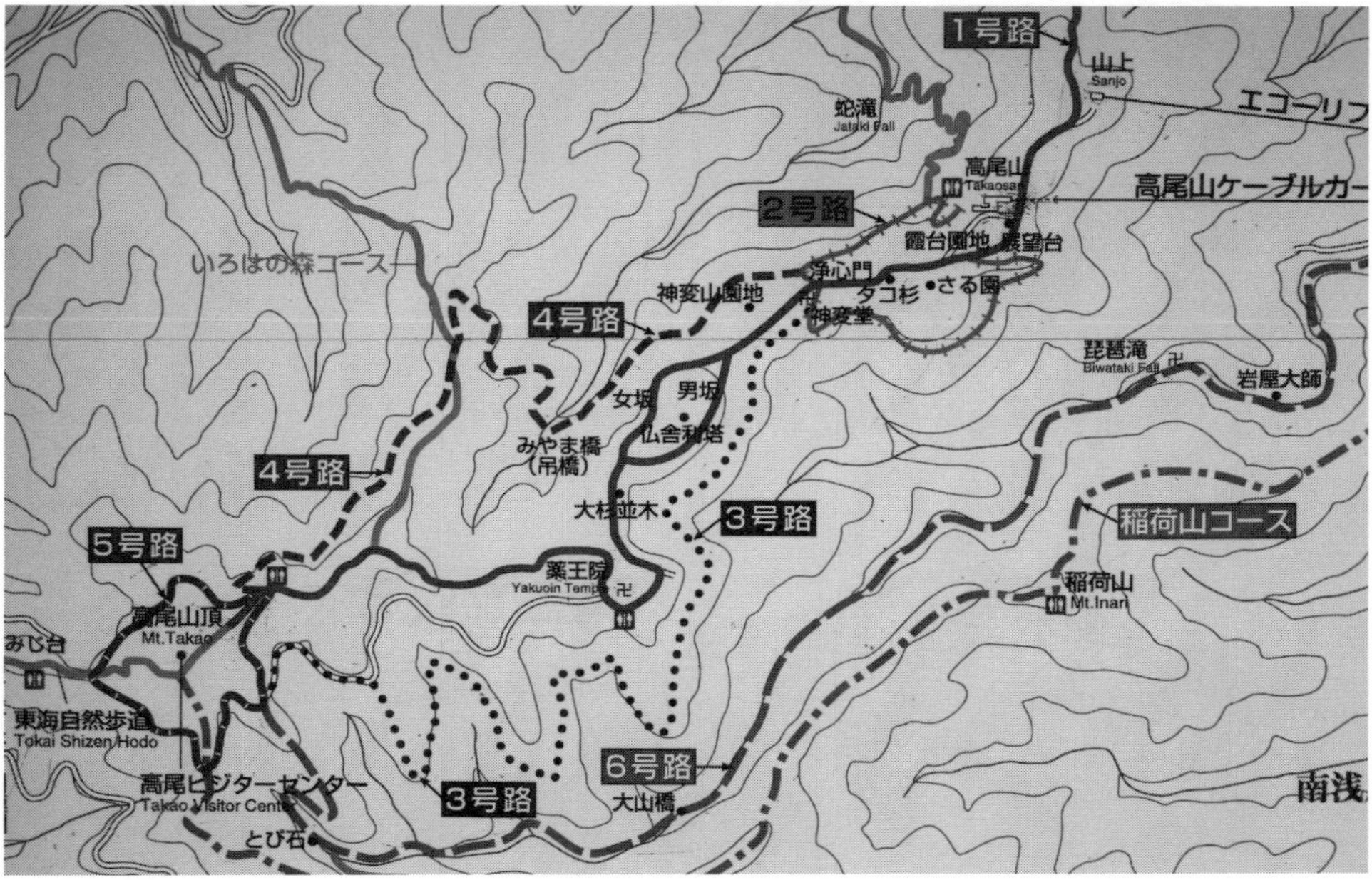

新宿 ―― **高尾山口** ―― **山頂**

電車○分
マイカー○分

ロープウェイ○分
ケーブル○分
徒歩○○○コース○分

城山

徒歩○分

小仏峠

徒歩○分

小仏バス停

バス○分

高尾山口

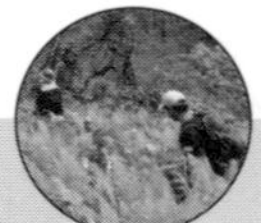

コース設定にもいろいろある

往復型

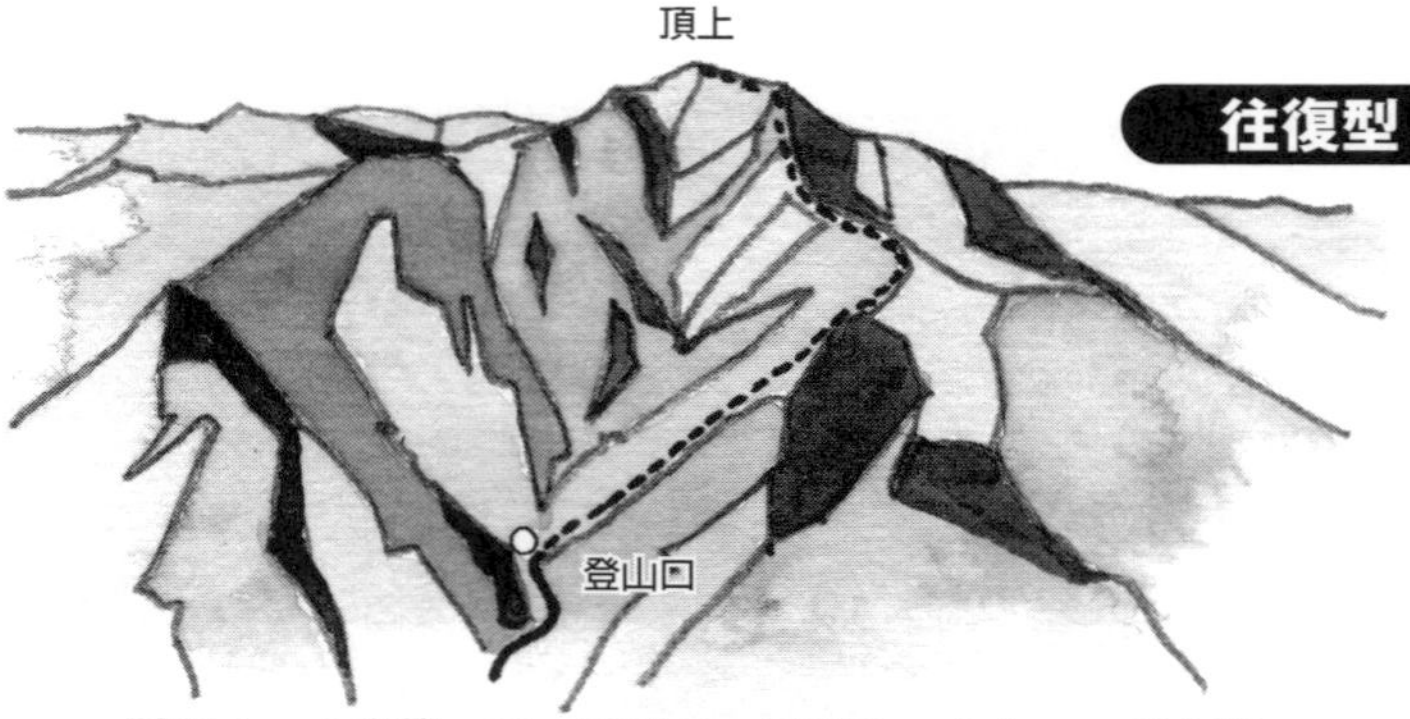

同じルートを登って、下りる。同じルートといっても登りと下りでは歩き方も景色も違う。初心者にとっては歩き方をマスターできる。

周回型

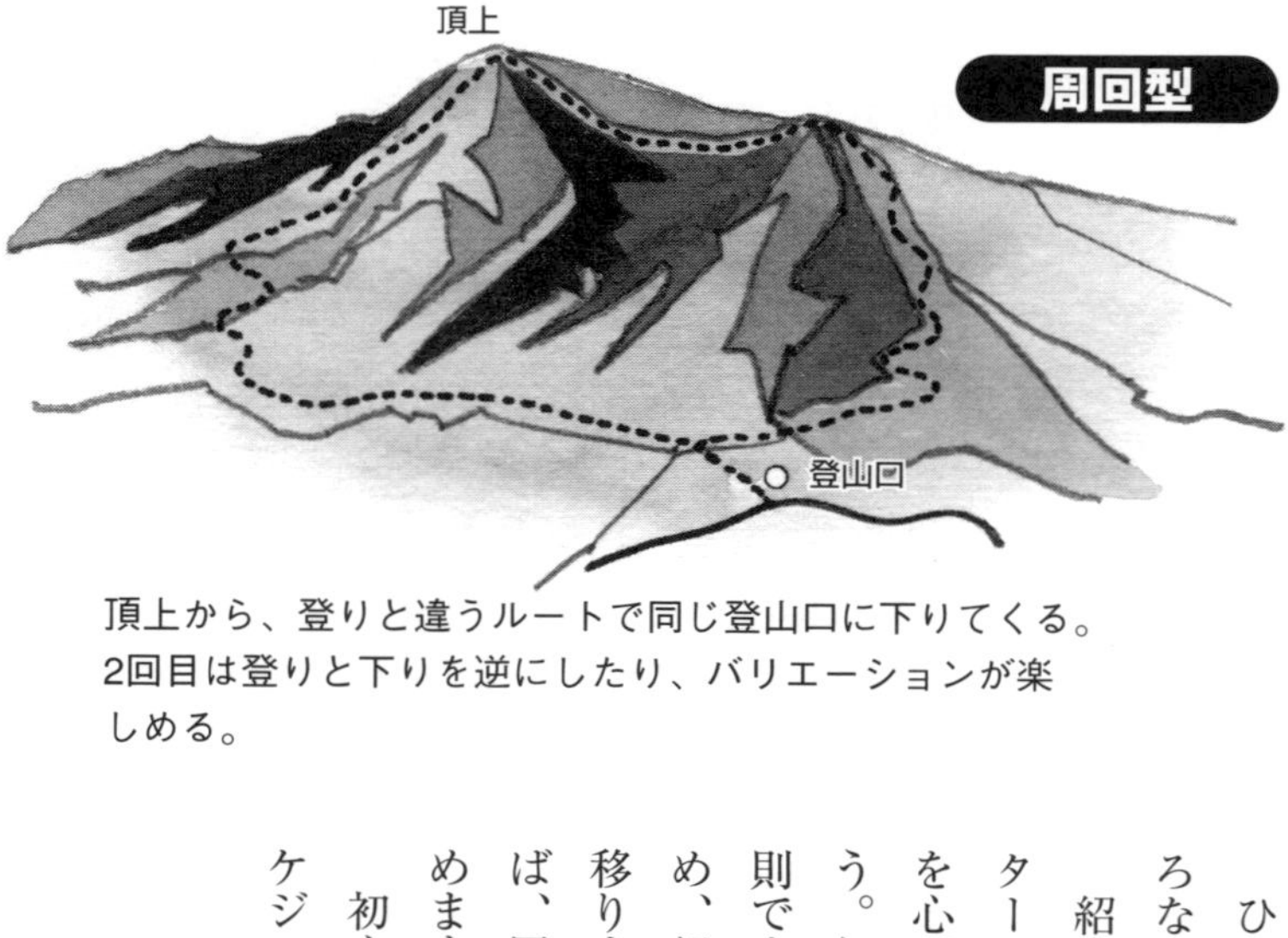

頂上から、登りと違うルートで同じ登山口に下りてくる。2回目は登りと下りを逆にしたり、バリエーションが楽しめる。

ひとつの山を登るにも、いろいろなコース設定が考えられます。紹介している4タイプが主なパターン。初心者はまず安全、安心を心がけ、日帰りから始めましょう。無理をしないことが、山の鉄則です。初心者用のコースから始め、経験を積んでから次の段階に移ります。季節やコースが変われば、同じ山でも違った表情が楽しめます。

初心者には往復型か周回型がスケジュールをたてやすいでしょう。

ここがポイント!

1. 地図やガイドブックでどんなコースが取れるかチェック
2. 体力と経験にあわせたコースを選ぶ

縦走型

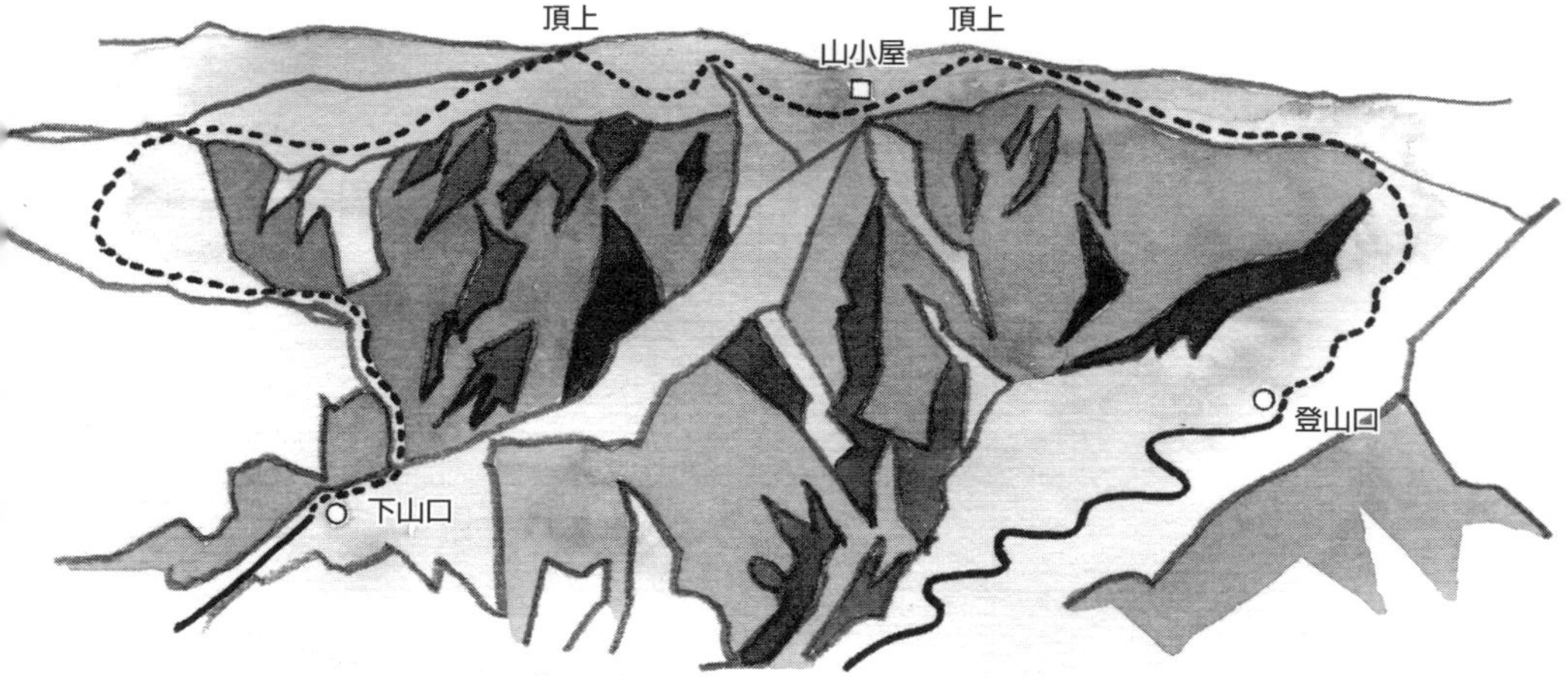

ひとつの山だけでなく、尾根を伝っていくつかの山頂を登頂して下山。

定着型

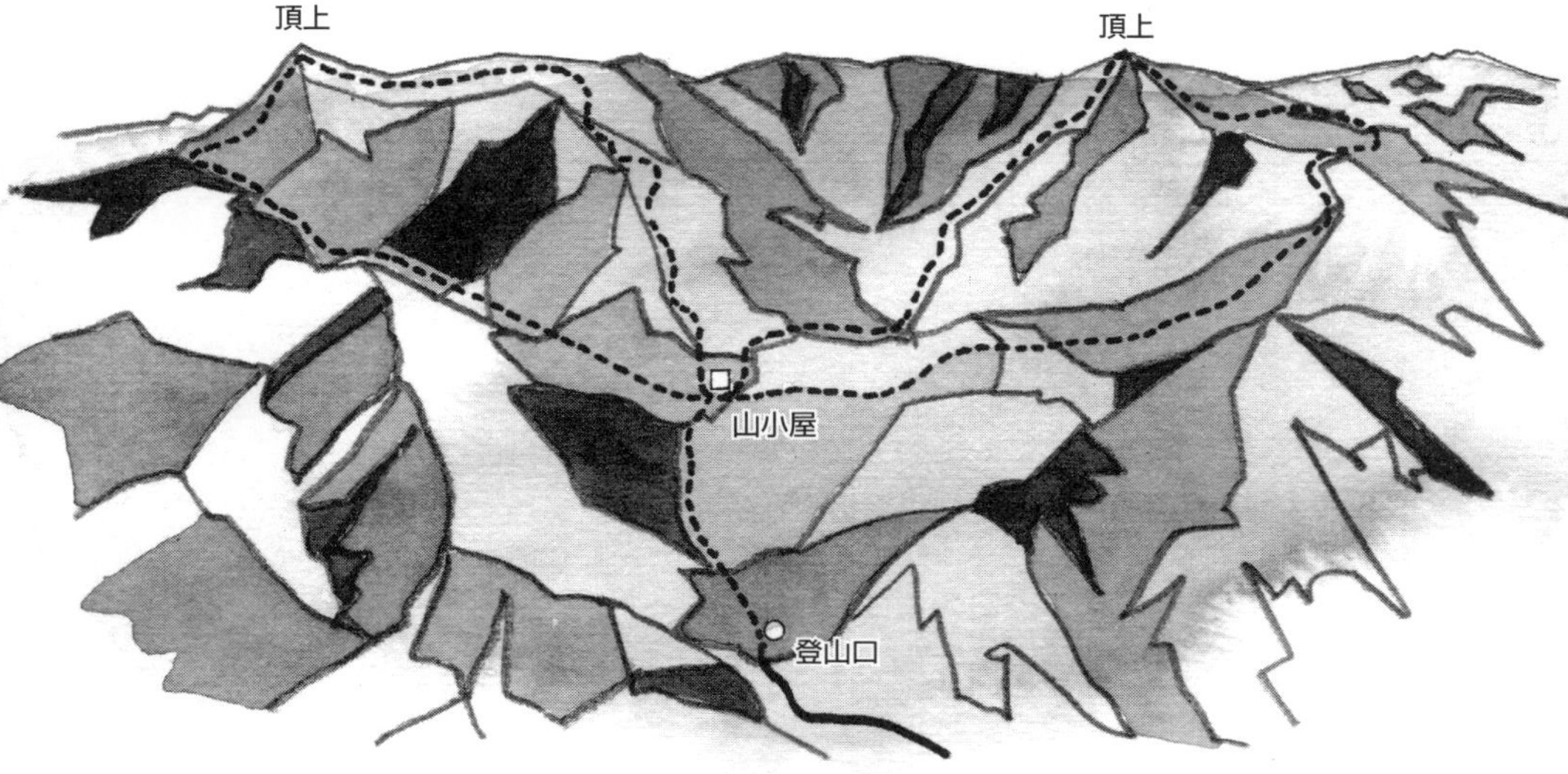

登山口から登って、途中の山小屋を拠点にして、数日かけていくつかの山に登る。

日帰りから1泊プランへ

山での行動は日のあるうち。途中で宿泊する場合は午後3時頃までに宿泊地に到着したい。小屋では早寝、早起きをして、明るくなったら出発を。

ここがポイント！

1 強行プランも2日に分ければ大丈夫

2 キャンプは貸し出しテントを利用する

日帰りで1日7～8時間の行程の場合は、早朝、家から出て行くことを考えればハードスケジュール。寝不足はトラブルのもと。同じコースを1泊2日のプランに。コースの途中に山小屋や鉱泉・温泉宿があれば、そこで宿泊。遅くとも午後3時頃には宿に着くよう、余裕を持って計画をたてます。

貸し出しテントがあり食料が調達できるキャンプ場があれば、キャンプをするのも良い経験です。また、初日は登山口近くの民宿やホテルに泊まって、翌朝から山歩きをする方法もあります。

キャンプ場

なるほどコラム

山小屋のマナーを守る

山小屋はホテルや旅館ではありません。相部屋やお風呂、トイレの共同利用が常識です。朝は、まだ暗いうちから多くの宿泊者が起き出し、混雑している時期は食事が一度にとれずに待つこともあります。

山小屋では早寝・早起き、わがままを言わないことがマナーです。環境に順応しマナーを守ることが、快適な宿泊のコツ。ほかの登山者との交流で、さまざまな情報が入手できるのは山小屋ならではの魅力です。

四季折々を楽しむプランニング

四季折々の大自然のドラマが楽しめるのも山の魅力のひとつです。春先は桜を始めとする花の季節。春も半ばになると鮮やかな新緑が目を楽しませてくれます。夏山ではさわやかで涼しい空気の中での避暑や渓流釣り、川遊び。秋は燃えるような紅葉の季節です。

雪山の気象は厳しいですが、晴れた日に雪原を歩くスキーや、スノーシューを履いての雪原散歩、動物たちの足あとを発見したり、幻想的な雪景色は都会では決して経験できないものです。季節の楽しみを取り入れて計画を。

ここがポイント!

1. 季節が楽しめるコースを考える
2. 季節にあわせた装備、プランを

春山の魅力

花

桜

新緑

人も花も待ちに待った春到来。ただ、残雪のある山では表層なだれに注意。初心者は残雪のある山では、山ろくで雪遊びを考える。固まった雪をスコップで掘り下げ、テーブルや長椅子を作り、雪上パーティを楽しむなど。

夏山の魅力

緑

日が長く、比較的天候も安定する夏の山歩きは、暑さ対策をしっかりと。水分補給など体にかかる負担を考えたプランニングを。

釣り

高山植物

気候

秋山の魅力

紅(黄)葉

さわやかな季節。ただ、山は平地よりも気候の変化が激しいもの。日も短くなるので、日没前には必ず下山するプランニングを。

冬山の魅力

初冬の気候

スキー

雪

冬山は経験を積んでいないと危険。最初はスキー場の近くや安全な場所で雪山歩きを楽しむ程度に。雪原歩きや自然観察などが楽しめる。

気のあったパーティを組む仲間と

●**リーダーの役割**
チームをまとめ、全体を監督するのがリーダーの役目。
最後尾を歩きながら、全員のペースや体調などを把握し、指示を出す。

●**サブリーダーの役割**
リーダーをサポートし、ルートを把握して先頭を歩く。
また、チーム全体のペースメーカーとして、無理のない山歩きを助ける。

ここがポイント!

1 信頼できる仲間と組む

2 チームワークを大切にする

単独での山歩きは、自分の思い通りに楽しめますが、山ではどんな事態が発生するかわかりません。悪天候、遭難、ケガ・病気などのアクシデントがおこった場合を考えると、助けあい、励ましあえる仲間との行動がおすすめです。

　パーティの人数は、役割を分担できて、まとまりもつきやすい5～6人が最適。アクシデントで別行動をする場合にも、複数で行動でき心強いです。ただし、チームワークが取れないとケンカや事故につながるので、気のあった仲間とグループを組むことが大切。

メンバーとしての心構え

●リーダーに従う
●登山者としての自覚を持つ
●人まかせにしない
●自分に責任を持つ、自己中心は事故のもと

なるほどコラム

ひとり、ひとりがリーダーになる

リーダーがいるからと、全面的に頼っていると、自分の山歩きの能力を見極めることができません。ひとりひとりが自分の責任で山を楽しみたいものです。山歩きをしながら、自分がリーダーとして、どう考え、行動するかを考えてみましょう。

山歩きの計画をたて、メンバーが決まったら、チームワークを大切に実行しましょう。山歩き中、リーダーはメンバーの安全を確保し、メンバーは適材適所で協力しあい、安全で楽しい山歩きを積み重ねましょう。

コース表示を確認する

●指導標

コース途中に立てられた道しるべ。行き先を示すもの、距離や所要時間を書き込んだものなどさまざま。古いものは、文字が消えたり、傾いて方角が変わったりしていることがあるので、分岐点では地図とコンパスで確認を。

●マーキング

ペンキで岩に印をつけてコースを表示するマーキング。進路を示す丸、二重丸、矢印。コースから外れないよう注意をうながすバツ印などがある。

ここがポイント!

1. 表示を見落とさない
2. わかりにくければ地図で確認する
3. 周辺の景色をインプットしておく

予定外のコースに入り込んでしまうとスケジュール通りの行程がこなせません。途中に設けられた標識を確認しながら、歩きましょう。初心者などを連れてのパーティで登るときは、リーダーは下見をして、あらかじめ行程を確認しておく必要もあります。

整備された登山道やハイキングコースには、要所に方向や所要時間が記された指導標が立てられています。岩にペンキで書かれたマーキング、石を積み上げたケルンなど簡易な標識も見られます。地図で確認しながら進みましょう。

●赤布・テープ

木の枝などに赤い布やテープを巻きつけ、コースの目印とするマーキングの一種。簡易サインなので、地図でチェックを。冬山時につけた赤布が樹木の上部にある場合は要注意。本来は下山時に取るのがマナー。

●ケルン

登山コースに設けられた、石を積んで塔にした道しるべ。高原や広い斜面や山頂に設けられていることが多く、濃霧や悪天候時の指標となる。

なるほどコラム

標識は触らないようにする

標識は勝手に触らないようにします。標識が間違った方向を示してしまうと、命に関わります。「ひょっとして間違っているのでは？」と思っても触らないことです。下山してから管理事務所等に知らせておきましょう。

知っておきたい応急手当

ここがポイント!

1 すぐに処置をする

2 無理をせず下山する

ケガのほとんどは、不注意や疲れからおこります。転落や滑落による打撲、出血、素手で枝や木の葉をつかんだ際の切り傷や擦り傷、とげが刺さるなど。雪道や草付きや泥道で滑ってねんざや骨折をする。あわない靴で靴ずれになるなど。ケガをすると、その後の行程が大変になるだけでなく、救助が必要になることもあります。

　小さなケガでもほうっておくと悪化し、傷口に雑菌が入ると化膿してしまいます。必ず救急セットを持参して、早めに手当をしましょう。応急手当の仕方を知って

●マメと靴ずれ

事前に足の当たる部分にパッドなどを貼って予防。それでもできてしまったら、水ほうになっている場合は、焼いて消毒した針で水ほうを突き、中の液を出して、消毒液、化膿止めを塗って、ガーゼかばんそうこうで押さえる。

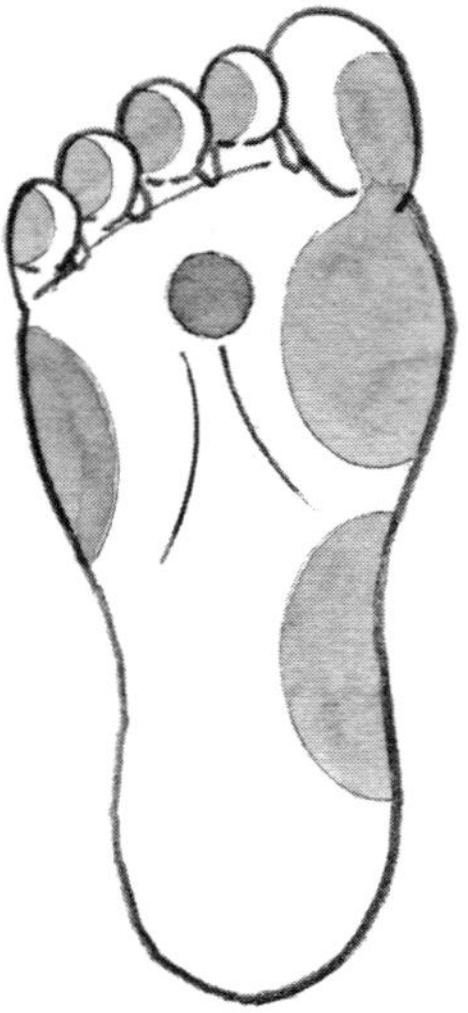

マメと靴ずれのできやすい箇所。靴があわない、靴下との相性など原因を探っておく

●切り傷

きれいな水で傷口を洗い、消毒液で消毒。軽ければ救急ばんそうこうを貼る。深い場合は消毒液、化膿止めを塗り、ガーゼを当てて、包帯または日本手ぬぐいを裂いて巻く。

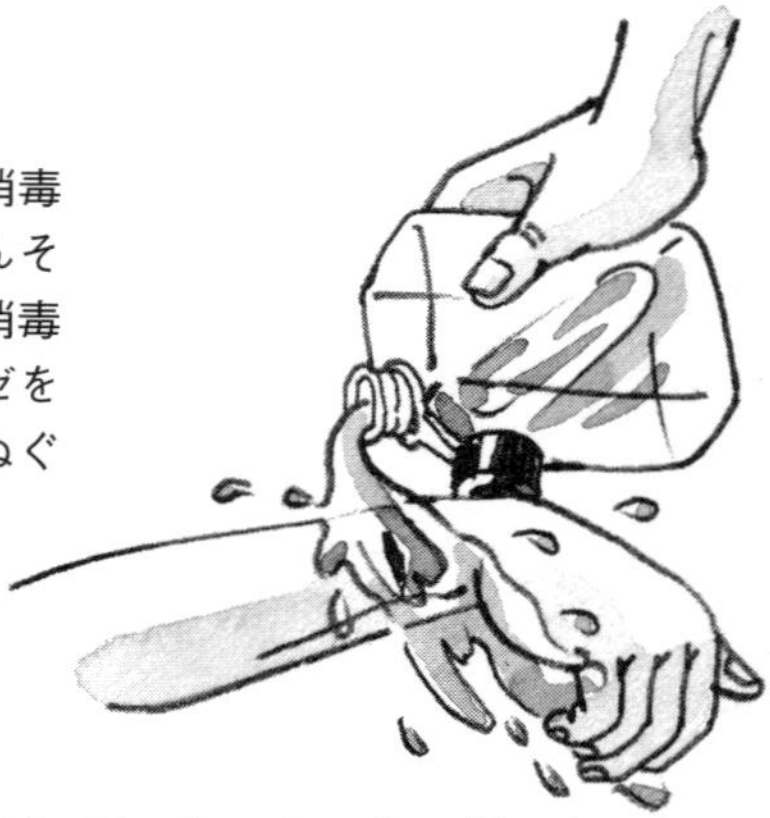

おくと、あわてずにすみます。また、テーピングの方法も覚えておくといざというときに役立ちます。

山に慣れない初心者は、ついつい無理をしがち。環境の変化や疲労から、脱水症状や、下痢、胃痛、日焼け、日射病、熱中症など、いろいろな病気にかかりやすくなります。不調のまま行程を続行すると、さらに悪化してしまうので、体調が悪くなったら、すばやく判断をして適切な処置をしなければなりません。不安を感じたら、早めにパーティのリーダーや仲間に知らせます。持病のある人は、胃腸薬や解熱鎮痛剤、その薬を持参すること。グループで分担して持つ場合は、事前に必ず確認を。

●出血

ふき出す血は動脈出血。にじみ出してくるのは静脈出血。傷口を心臓より高い位置に上げ、清潔なガーゼなどで、しばらく傷口を強く押さえていれば、たいていは止血できる。止まらないときには頭、首、腕、股、足首の止血ポイントを指先で強く押す。止まった後は切り傷同様に処置を。

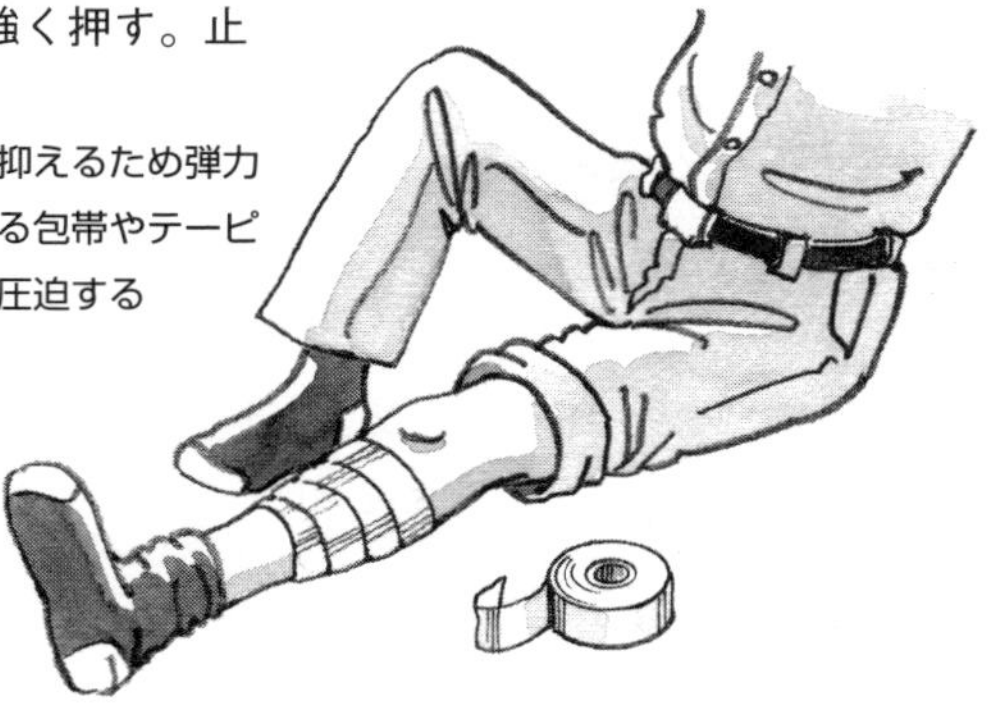

腫れを抑えるため弾力性のある包帯やテーピングで圧迫する

●打撲

外見は大丈夫でも、内出血している場合もある。安静に寝かせて様子を見ること。青アザ程度なら湿布などでOK。痛みがあれば鎮痛剤を。頭痛、ふるえ、しびれ、発熱などが見られれば、体を水平にし、保温しながら、すぐに病院へ。

●骨折・ねんざ

足首やヒザのねんざは、引っ張ったり、無理に歩かせたりしないこと。骨折の可能性もある。患部を固定し、包帯を巻いて冷やすか、消炎剤を貼る。激痛、顔面蒼白、ふるえなどがあると骨折。テーピングや副木で固定して、すぐ病院へ。

山登りのための健康管理

ここがポイント！

1 生活習慣の見直しを

2 過信は禁物

個人差はありますが、30歳代後半から40歳代に入ると、過酷な仕事、夜更かし、睡眠不足、暴飲暴食のつけが回って、無理がきかなくなり、自信を失い、うつに悩まされる人も多いようです。人生の転機と受け止めるチャンスにしてはどうでしょう。メディカルチェックは定期的に行い、異常が見つかったら医師と相談、生活習慣の見直しを。そして自然の中にとびこんでみましょう。心癒されていることに気付きます。

　バランスの良い食事を心がけ、職場や家庭、電車のなかどこでも

山でおこりやすいケガと病気

①登山道や沢などからの転落、滑落

②疲労による持病発生

③下山中の転倒

④道迷い

中高年の特徴ともいえる「気力あれど、体力なし」疲労の積み重ねで集中力がとぎれることも原因のひとつ。長いブランクがあれば、過去の実績は通用しません。過信は禁物。病歴があればメンバーに申告をしておきましょう。

自分の体調を
しっかり
把握して
おきましょう

☆ひざと腰の痛み、関節痛

中高年のほとんどが不安または痛みに悩まされている。腹筋、背筋、大腿四頭筋の筋力トレーニングと水泳が無理なく強化できる。スポーツタイプの腰サポート用、脚全体の筋肉と腰をサポートするタイツが不安を解消。タイツは夏・冬用があるので、季節で使い分ける。両手ストックを使用すれば、痛みを軽減できる。

ポイント!

グルコサミンとコンドロイチン、ビタミンC配合の栄養補助食品が有効の場合がある。

☆突然死の原因となる急性心筋梗塞

胸筋や胸部不快感がある。重症の場合は、心室性不整脈を合併、突然心停止に至る。過労、睡眠不足、深酒をしないように。脱水に気をつけ、水分補給を。

☆こむらがえり

ふくらはぎの筋肉けいれん、痛みが走る、ビタミン、ミネラルの不足や加齢による筋持久力の低下が原因。足首をゆっくりそらし、発作が落ち着いたら、筋をもみほぐす。

☆熱中症と脱水症

塩分を含む水分摂取、休養。衣類はこまめに着脱し体温を調節する。脱水症は真夏の激しい登山で起こる。重症になると命にかかわる。塩分を含んだ水分を補給。

☆高山病

急性高山病は新しい高度に達したとき、誰もが頭痛、食欲不振、嘔気、嘔吐、倦怠感、めまい、睡眠障害をおこす。高度2500mを急激の登った場合、3000mではほとんどの人が経験。脈拍、呼吸数、体温は起床前にチェックする。

できるストレッチや筋力トレーニングで体を柔軟に。続けていると生活にリズムができ、前向きになることができます。女性に限らず男性にも更年期があるようです。人と自然のふれあいで、感性が磨かれ、五感を働かせることで、人間本来の危険を察知する能力がよみがえります。

Column

信じあえる仲間づくりを

大自然相手の山歩き。文明生活の中で暮らしている私たちには、自然の厳しさに対応する能力が失われてきています。信頼できる経験者に同行するか、山歩き教室や講習会に参加し、基本を学ぶことが大切。仲間といっしょに計画から実行までをともにリーダー体験しながら、積み重ねていくことがポイントです。

旅行会社企画の山歩きやトレッキングに参加する方法もありますが、連れられ登山の積み重ねでは、本来の山歩きの醍醐味や達成感は得られません、判断力もつきません。生涯楽しむ山歩きをめざすなら、ひとりひとりが自立して信じあえる仲間づくりをめざしましょう。「無知、無理、過信、焦りは事故のもと」、命を大切にするためにも、頑固はほどほどに。自然体で人と自然となかよくなることが、山歩きを楽しむ秘訣でもあります。

第7章

歩き方で疲れ方が違う。小幅でゆっくり、同じペースで

山歩きは平地と違う歩き方を

山では変化に富んだ道を歩く

ここがポイント!

1 山の道は変化に富んでいる

2 平地歩きと違った足運びや体重移動をする

平地と違って山には登りと下りがあります。その中にも、岩場、ガレ場、藪《やぶ》、ぬかるみなどさまざまな場所があり、台風の後には落石や倒木が道をさえぎっていることもあります。長時間、背中に重いザックを背負って歩くには、筋力だけでなく持久力が必要。

また、平地とは違った足運びや体重移動をしないと、すぐにバテてしまいます。日常生活の中で、無理のない筋力トレーニングをして、体力、バランス感覚、柔軟性を養いましょう。メンタル面の柔軟性も重要なポイントです。

山には崖や沢など、
平地と違って危険な箇所が多い。気をぬかないように。

なるほどコラム

山歩きは誰もが楽しめるスポーツ

健康上に問題がある人も自分のペースで歩けば山は楽しめます。心臓病や高血圧、不整脈の人は、急な登りのある山や高山を避けてコースを選びましょう。心臓病は体を冷やすと発作がおきやすいので、寒暖の差に注意し、汗や雨で衣類が濡れたらすばやく着替えること。

腰痛、関節痛のある人は重い荷物を避けて、ストレッチなどの準備運動をしっかりしてから山歩きをはじめます。痛む部分を冷やさないように気をつけ、サポーターやテーピングで保護を。痛みがあるときには、山行きを取りやめて、医師の診察を受けましょう。

いつでもどこでもできる山歩きのトレーニング

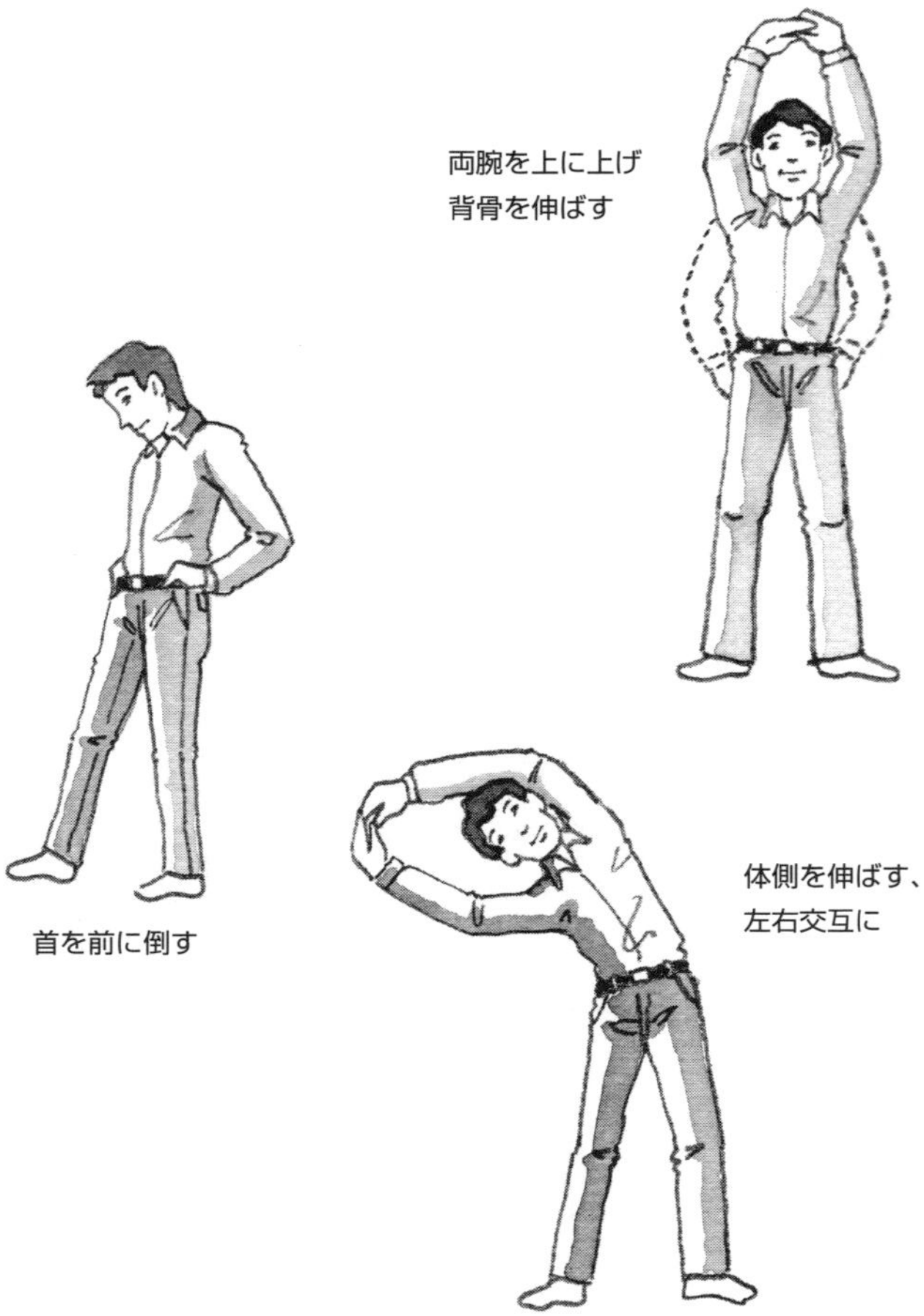
両腕を上に上げ
背骨を伸ばす
首を前に倒す
体側を伸ばす、
左右交互に

ここがポイント！

1 通勤や買い物で筋力・持久力を養う

2 ストレッチをするクセをつけておく

3 ウォーミングアップとクーリングダウン

毎日の生活の中で山歩きに必要な体力を養うことができます。エレベーターを使わずに階段を上り下りする、いつもよりひと駅手前で電車を降りて歩く、つり革につかまらずにバランス感覚を磨く、買い物の荷物を背中に背負うか両手でバランスよく持って早歩きするなど、外出をトレーニングに。

座っている時も大腿四頭筋を鍛える上下運動、ヒザや足首、腕のストレッチをするクセをつけておきましょう。山に登る前のウォーミングアップと、下山後のクーリングダウン（整理運動）も忘れずに。

☆背筋を鍛える

腹ばいになり、腕を伸ばす。徐々に背をそらす。

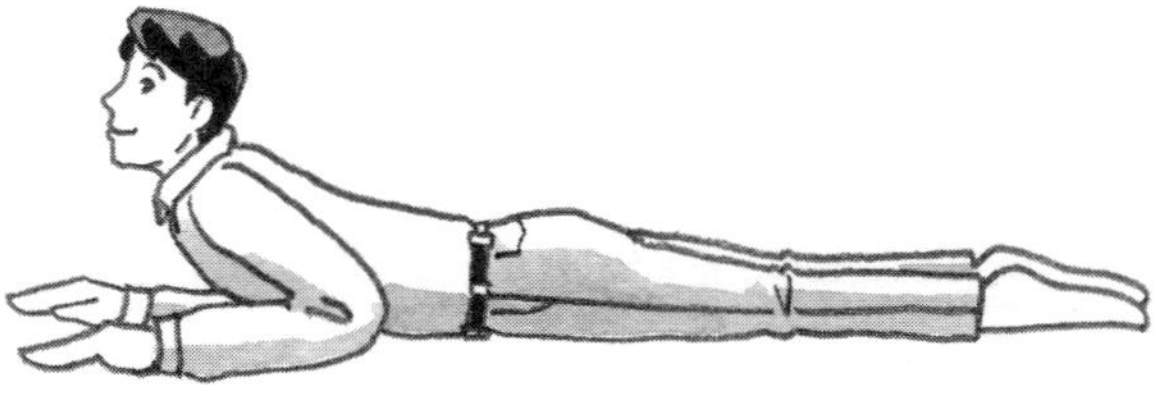

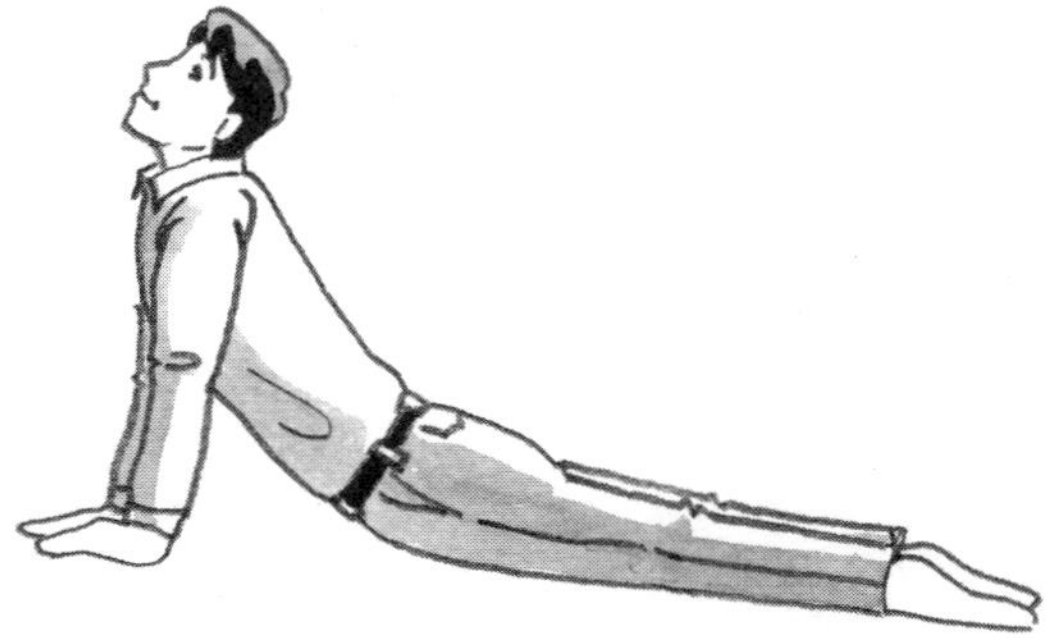

☆腹筋を鍛える

仰向けに寝て、ヒザを立てる。上半身をゆっくりおこし、両手をヒザに近づける。

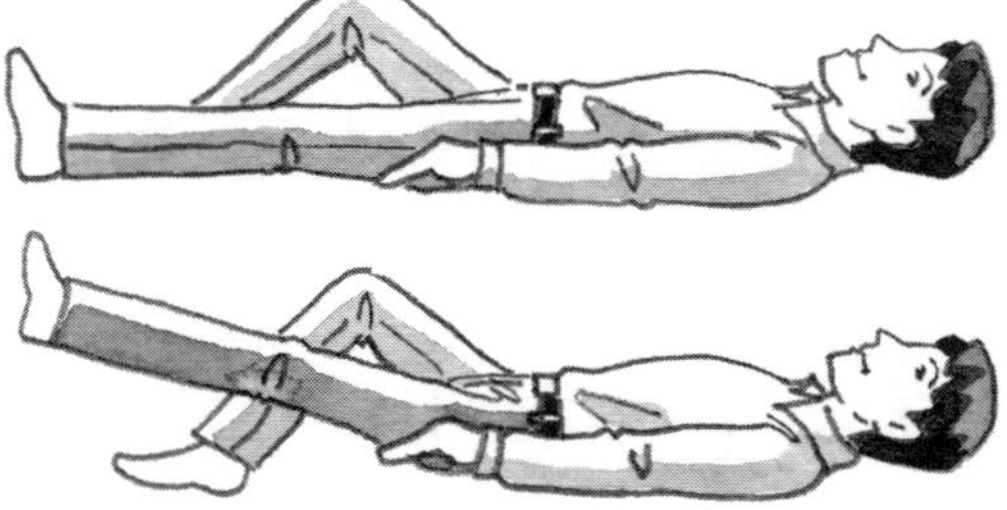

☆大腿四頭筋を鍛える

上向きに寝て、足を伸ばす。もう一方の足を、ヒザを曲げられるところまで立てる。伸ばした足を床から10〜15㎝の高さに上げ、５秒間。次に反対側の足を上げる。30回を目安に。

登りと下りでは歩き方を変える

登り あせらず、ゆっくり歩こう

呼吸 吸って1歩、吐いて1歩。これをくりかえす。呼吸がつらいときは、立ち休みをし、深呼吸を。

靴裏

ひざから下に鉛直方向に踏み下ろす。靴裏を斜面に対し、フラットにして歩く。

歩幅

歩幅は小さく、足を前に出すと同時に体重を移動する。

ここがポイント!

1 平地と同じように歩かない

2 歩幅を小さくすると、ゆっくり歩ける

3 登りよりも下りを慎重に

山歩きは、平地での歩き方と違います。登りと下りでは歩き方を変えます。

歩幅を小さくして歩くのがポイント。こうすればスピードが落ちて、ゆっくり歩けます。斜面に対し靴裏が平らになるように歩きます。靴底全体に体重を預けるようにします。

滑落事故は下山中が、もっとも多いので、下りは登りよりも慎重に。着地で滑ってしまうとバランスが崩れ、転倒してしまいます。バランスをとることを心がけ、リズミカルに歩きましょう。

下り　ひざのバネをきかせる

ひざ
ひざや腰に負担をかけないよう、バネをきかせて降りる。

歩幅
肩幅くらいに開く。

靴裏
斜面にフラットに置き、足場を見定めながら降りる。親指の腹に力をかける感覚で。

こんな歩き方はNG!

へっぴり腰
バランスをくずして危険。すべりやすい姿勢になる。

大股歩き
石に乗って転倒したり、ひざや足首のねんざ、アキレス腱を痛めるなどケガの原因になる。

知っておこう 山の原則

手に荷物は持たない!

転倒など、いざというときのために、両手を必ずあけておくようにします。とくに急斜面や岩場は、手に荷物を持っていると登れません。両手と片足、あるいは片手と両足の3点で斜面の手がかりをつかみ、足場に足をかけます（3点確保。P.128参照）。そして残る手、あるいは足をつぎの手がかりにします。

山歩きでは両手、両足をともに自由にしておくことが原則です。

歩き始め、10分で点検を

●歩いているうちに靴ひもがゆるんでいたら、結び直しを。あわない靴は靴ずれやねんざの原因になる。

ここがポイント!

1 10分歩いたら立ち止まって点検を

2 不具合があれば直す

3 体調もチェックする

山道を歩き出してみると、装備の不具合を感じることがあります。靴があわない、衣服の着すぎで汗をかく。ザックが背中にフィットしていないなどは、疲労のもと。歩き始めて10分くらい経ったら、一度止まって点検を。靴ひも、荷物の詰め方、衣類の調整など、その場で変えられるものはすぐに改善しましょう。

体調に変化がないかどうかも確かめます。体調不良の人がいたら続行するか、下山するかを判断しましょう。また、地図でコース確認をしておくと安心です。

標識や地図でコース確認を。吊り橋なども確認のポイントになる。

一定のペースを守る

ここがポイント!

1 一定のペースで歩く

2 最初の30分でペースをつかむ

3 メンバーのオーダーチェンジを

一定のペースで歩くことがバテない山歩きのコツです。ペースをつかむには最初の登りがポイント。ゆっくりと登り始め、息が上がったら立ち止まって呼吸を整え、息が落ちついたら登る、それを30分ほど繰り返すと、体が慣れて自分のペースがつかめます。歩調にあわせてリズミカルな呼吸をすれば、息の乱れは少なくなります。

初心者はガイドブックなどに記載された標準タイムにこだわらず、3～5割増のタイムで余裕を持った計画を。パーティでは一番遅い人のペースにあわせます。

パーティ全員のペースを確認しながら歩こう

なるほどコラム

山歩きのマナーを守る

気持ちよく山歩きを楽しむために山のマナーを守りましょう。堅苦しいものではなく、人に迷惑をかけないためのマナーです。すれ違う人とは「こんにちは」と挨拶する、ラジオなどの騒音を出さないなど、常識の範囲内で対応しましょう。また、狭い登山道ですれ違う場合は、登り優先がルール。下りの登山者は、危険な場所を避けて待機しなくてはなりません。しかし、混雑した時は登り、下り、交互に通るなど、臨機応変の対応を。

急坂では30～40分歩いて休憩

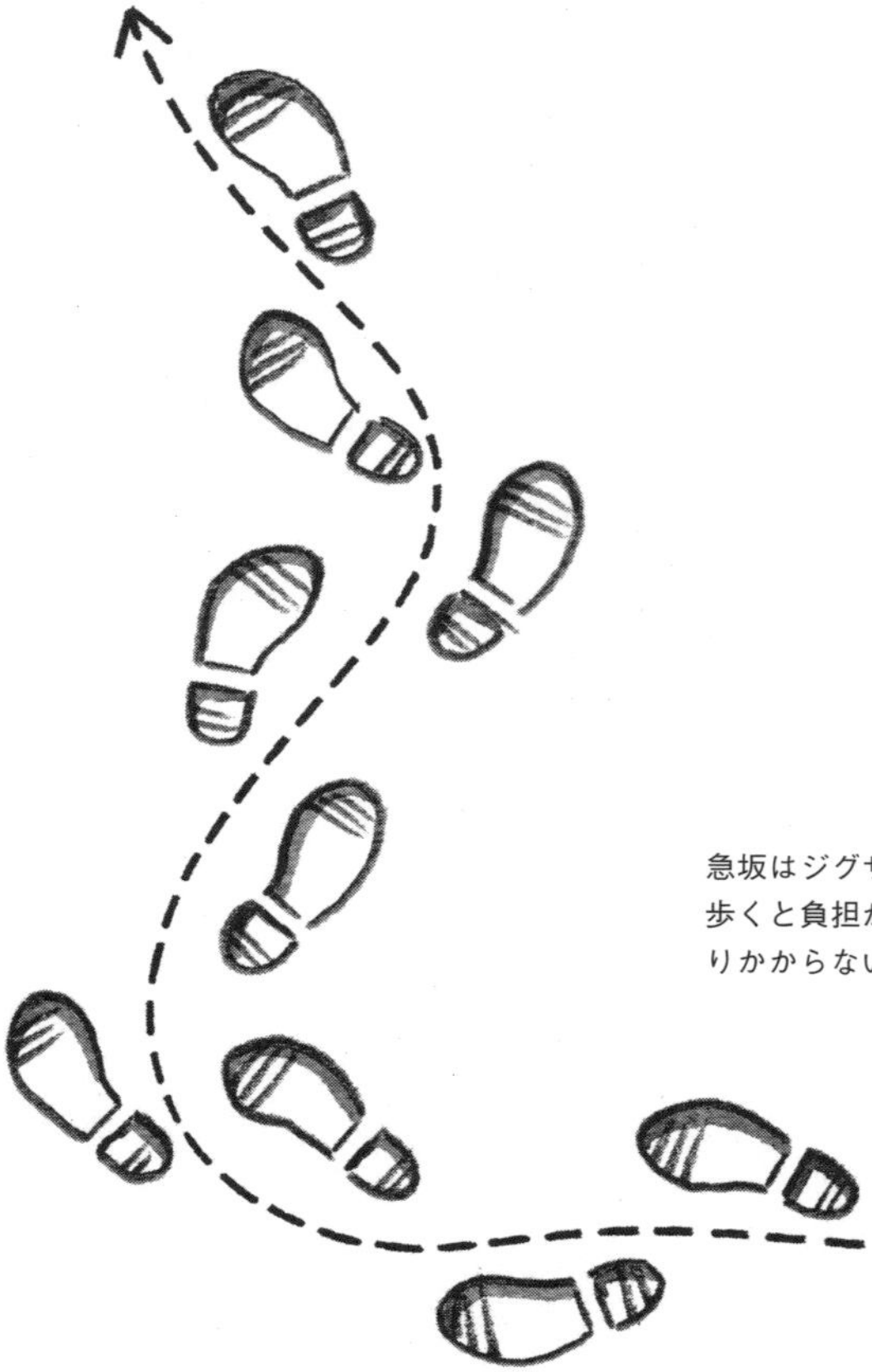

急坂はジグザグに歩くと負担があまりかからない

ここがポイント!

1. 30～40分歩いたら立ったまま短い休憩を
2. 水分、行動食を補給
3. 呼吸を整える

休憩の取り方を間違えると、せっかくつかんだペースがくずれてバテたり故障をおこしたりする原因になります。息づかいが苦しくなったら、呼吸を整えます。

急坂では30～40分ほど歩いたら立ち休み5分、平坦なら1時間歩いたら10分くらい腰をおろして休みましょう。休憩時間が長いと体が冷えて筋肉が硬くなります。肌寒い日は防寒着を着て休息を。休憩中には水分や行動食の補給、衣服の調整を行います。自分やメンバーの疲労度、地図上での現在地の確認も忘れずに。

水分、塩分を補給する

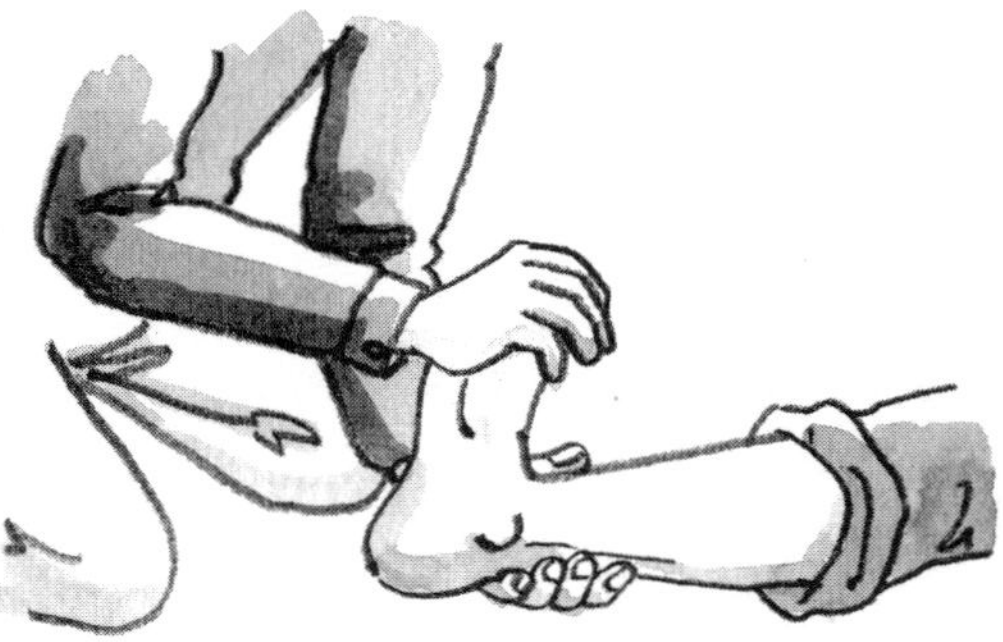

こむらがえり、ふくらはぎの場合、足先をもってゆっくりと静かにそらせるようにする

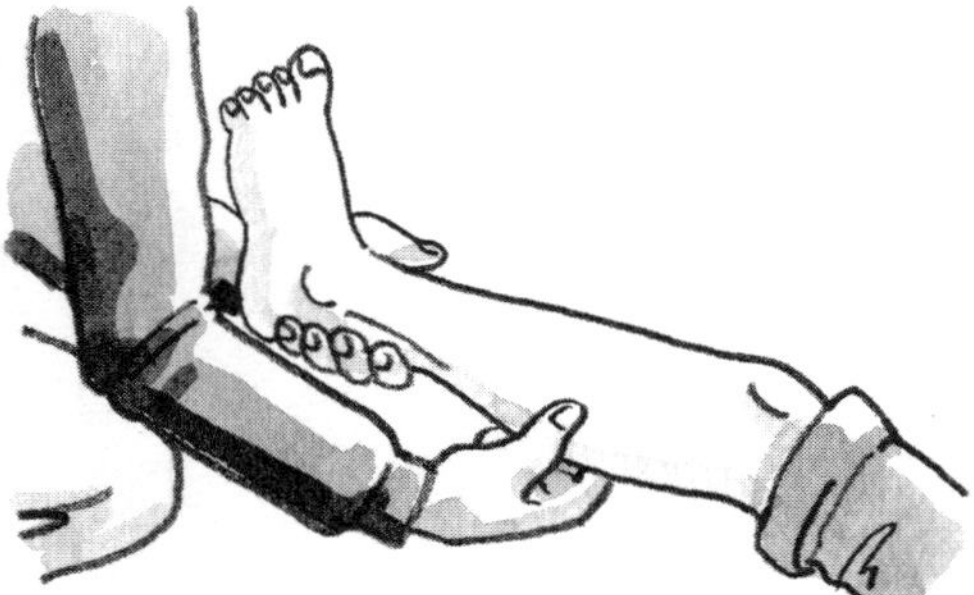

発作がおさまったら、筋肉をもみほぐす

足裏の場合、親指で押す

汗をかいたつもりはなくても、息づかいが激しくなるだけで体から水分が失われています。水分が不足すると心臓に負担がかかりむくみの原因になるだけでなく、脱水症状を起こす危険もあります。

水筒の水の残量を確認しながら、休憩のたびに、少量の水をゆっくり飲み、下山後も水分の補給を。汗をかくと塩分も失われます。筋肉活動の低下、こむらがえり、けいれん、食欲減退など、低塩症候群がおこります。水の中に、かすかに塩気が感じられる程度の塩を入れるか、梅干などで塩分補給を。

ここがポイント！

1. 休憩のたびにこまめに水分補給
2. 下山後は大量に水分を取る
3. 水に塩を入れ塩分補給

バテたときの対処法

ここがポイント!

1 休息をとって荷物を軽くする

2 バテる原因をチェック

バテるとは、疲れて動けなくなってしまうこと。歩けなくなってしまった場合は、歩き方は正しいか、荷物が重過ぎないか、荷物の詰め方のバランスは正しいか、靴はあっているかなど、バテる原因と考えられることをチェック。

不都合な部分があればすぐに改めましょう。ほとんどの場合は、日の当たらない場所で衣服を調整し休息をとり、荷物を軽くすると回復します。しかし、単にバテたのではなく病気の場合も考えられます。症状を見て休養が必要か、下山かを判断する必要があります。

知っておこう

効果的に休息をとる

バテないように、休憩時間を効果的に使って、体を休めましょう。

また、休憩時間に軽いストレッチや屈伸運動をすると、筋肉のこわばりが防げます。休憩のたびに、こまめに行うだけで体の負担がずいぶん違ってきます。

体力を消耗したメンバーがいたら、荷物を軽くしてあげると、心身ともに元気になります。このまま登山を続けるか、下山するか、リーダーは判断することになります。

休息で体も心も
リフレッシュ

岩場・鎖場 難所を切り抜ける

ここがポイント!

1. 必ず両手は空けておく
2. 急斜面の移動は三点確保
3. 心身をリラックスさせる

急斜面や岩場では、両手と片足、または両足と片手の三点で、手がかりをつかみ足場を確保（三点確保または三点支持とも）。残った自由な足か手を、次の足場または手がかりにかけて進みます。

はしごの昇降は力が入るとバランスがくずれます。手はバランスをとる程度に使い、足でしっかりはしごを捕らえます。鎖場では、鎖は補助的に使い、三点確保で登った方が安全。両手両足をフルに使うため、山では手に荷物をもたないことが鉄則です。

●三点確保

両足と片手、または両手と片足の三点で体を支え、残った足か手で次の手がかりを探しながら、移動する。三点支持ともいう。

●鎖場

鎖に頼ると体が振られるので、三点確保を基本に鎖は補助として使う。鎖はまたいで使うと安定する。

●ガレ場

常に落石注意。落ちてくる気配があれば、落ちる方向を確かめて安全な場所に避難する。

●はしご

使う前に外れたり壊れたりしていないかを確認。緊張するとバランスがとりにくいのでリラックスして。手は補助的に使い三点確保ではしごに向きあって登り下りを。前の人が登っているときには同時に登らない。

●丸木橋

両手でバランスをとりながらゆっくり渡る。複数で渡ると橋が安定しないので、必ずひとりずつ渡ること。ザイルを利用するか、ストックを使うと安全。

Column

目標に向かって一歩一歩

極端ないい方ですが、ヒマラヤ登山も低山ハイキングも自然が相手。季節によって雪や凍結、そして岩場や吊り橋、川の増水、土砂崩れと、悪条件は数限りなくあります。山では体験の積み重ねが何よりの力になります。知識だけあっても体験しなければ身につきません。低山ハイクといえど、どのような場面でアクシデントに出合うかわかりません。恐怖で身動きできなくなったら、遭難事故になりかねません。チャンスを逃さず、あらゆる場面に対応できるよう体験しておけば、山歩きに余裕ができ、苦しみを楽しみに変える原動力になります。目標に向かって挑戦しましょう。

ただし、個人差と加齢による体力の限界があることも忘れずに。自分なりの目標に向かって、無理せず一歩一歩、プロセスを楽しみましょう。

第8章

山歩きをもっと楽しくする写真、花、木々の知識

感動を写真、スケッチに残す

蔵王山。火口湖の御釜。五色沼とも呼ばれている。太陽の移動で１日に何度か色が変色して見える。

ここがポイント！

1. 時間に十分な余裕を持つ
2. 用具はコンパクトサイズのものを
3. 周囲に注意をはらう

山では雄大な風景や可憐な野の花、珍しい野鳥など、たくさんの感動的なシーンに出会えます。写真やスケッチによる記録は、楽しい思い出になるだけでなく、次の山行きに役立つ資料になります。カメラ、または絵の具セット、スケッチブックはコンパクトサイズを。カメラはズームや接写ができ、交換フィルムがいらない小型のデジタルカメラがおすすめ。通行の妨げになったり、足を踏み外したりしないよう、十分注意すること。時間に余裕を持った計画をたてることも大切。

花前線を追いかける

ここがポイント!

1. 的確な情報を得る
2. 現地に情報を問い合わせる
3. 混雑を予想し、計画をたてる

南北に長い日本列島では、場所によって花の開花時期が異なります。春の花は、南から北へ、平野部から標高の高い場所へと移動し、その反対に秋の花や紅葉は、北から南へ、山頂からふもとへと移動していきます。

桜は3月初旬に九州で咲き始め、北海道に到着するのは初夏の頃。平地では開花時期の異なる梅や桃などの花も、暖かい時期が短い高地や北国では、桜と一緒に一斉に咲き誇ります。花前線にあわせて花の名山へ出かけてみましょう。

平地とは開花時期がずれる

標高が高い山では、桜や紅葉の時期が平地と違ってきます。平地で桜が咲いても、山では少し遅れると考えたほうがよいでしょう。また、紅葉は平地より先に山の紅葉が始まります。

最近は、異常気象と言われるほど、気候の変動があります。事前に現地の情報を観光協会や山小屋などで確認しておきましょう。有名な山になると、ホームページでライブの映像を確認することもできます。

バードウォッチングを楽しむ

ウグイス。山ではやぶの中にいることが多い

アオジ。中部より北の山で繁殖

ヤマガラ。レンガ色がめだつ

コゲラ。こげ茶と白のまだら

ここがポイント！

1 姿をとらえるのは難しいことも

2 余裕をもった計画をたてる

3 時期、時間帯、天候にも左右される

日本には約５００種類の野鳥が住んでいるといわれます。図鑑と双眼鏡だけで手軽に楽しめるバードウォッチングは山歩きでも人気です。鳥の大きさ、鳴き声、色や模様、歩き方、特徴的な動作、飛び方、季節、場所などをチェックしてノートに書いて、図鑑で確かめれば、だいたい何の鳥かがわかります。

ある程度の予備知識は必要です。野鳥に詳しい仲間と一緒に行動する、野鳥の会に参加する、各地の自然観察センターで学ぶなどして、見る目を養いましょう。

樹木の名前を覚える

ホオノキ。モクレン科の落葉高木。葉は朴葉寿司、朴葉もちに使われる。

ここがポイント！

1. 登る山の自然体系を調べておこう
2. 図鑑で下調べをする

　場所や標高によって生えている木は違います。標高が高くなるほど気温が下がるので、本州以南の山では、亜寒帯（北海道東部）の平地で見られる針葉樹が高所に生えており、その下にナラやブナなどの落葉樹林帯、さらに暖かい地方ではその下に照葉樹林帯が見られます。

　また、高山では高い木は生えず、関東地方では標高2600m以上になると樹木は見られなくなります。木々を知ることから自然に対する理解を深めましょう。

山の味覚
山菜、キノコを味わう

ドクササゴ。毒がある。黄赤褐色

カヤタケ。広葉樹林に生える。食用

ウラベニホテイシメジ。食用

イッポンシメジ。人によっては下痢、腹痛がおこる

ここがポイント!

1. 図鑑で予備知識を得ておく
2. 地元の人や専門家に聞く
3. 道迷い、滑落に注意

雪解けが始まると山菜のシーズンです。山菜は乾燥地を好むタラの芽、木陰を好むゼンマイなど、種類によって生えている場所が違います。目当ての山菜が生えていそうな場所を探してみましょう。

秋になるとキノコが顔を出します。毒キノコも多く見分け方が非常に難しいので、食用と確信できるもの以外は食べないように要注意。山菜もキノコも、翌年のために根こそぎ取らないのがマナー。必要以上に取ってはいけません。入山禁止の看板のある場所や国立公園、私有地での採取も違反です。

高山植物を知る

バラ科のチングルマ。高山帯の雪渓周辺の砂れき地などに群落を作る

ここがポイント!

1 開花の時期を確認する

2 ピーク時の混雑を予想して計画を

3 マナーを守る

高山植物は、森林限界（標高が高く、樹木が見られなくなる境界）をこえた場所だけでなく、高山帯の尾根や崖など、風が強く空気が乾燥した場所や、雪が消えた後の高山の草原、雪解け水の流れ込む草原、針葉樹林帯、泥炭が層をなした草原に自生する植物です。

厳しい自然環境で育ったため生長が遅く、背丈が低くて小さく硬い葉を持っています。ほとんどの高山植物は、短い夏の間に色あざやかで可憐な花を咲かせます。決して持ち帰ったり、踏み荒らしたりしないよう注意を。

山の野生動物たち

ここがポイント！

1. 山の危険な生き物を知っておく
2. 予防対策をしておく
3. 地元の人から情報を聞いておく

山には人に危害をあたえる生き物もいます。ハチ、ブヨ、アブ、ヒル、ムカデ、ダニ、ガなどに刺されたりしないように、衣服や虫よけスプレーなどでガードをしましょう。トイレのときには周囲にヘビがいないかどうかを確認するのを忘れずに。また、クマやイノシシ、サルなどと遭遇すると、襲われる危険もあります。通常、野生動物は人間の気配を嫌います。あらかじめ鈴や歌などでこちらの存在を知らせれば、動物の方が避けてくれるでしょう。動物の習性を知っておくことも大切です。

●虫

アブ、ブヨなどに刺されたら、抗ヒスタミン軟膏をつける。毛虫や毒ガの分泌物や鱗粉が付いたら、すぐに水で洗い流す。ヒルや、ダニが喰いついて取れない場合は、ライターであぶってみると取れやすくなる。

●ハチ

襲われても騒がず、布で肌をガードしてじっとしていること。刺されたら、針を抜いてから水で冷やし、抗ヒスタミン軟膏をつける。もしも、スズメバチに刺されて震えなどのショック症状が出た場合は、すぐに救助要請を。香水、化粧水、香りのあるもの、黒い衣服は避ける。

●ヘビ

騒がない限り、ヘビが襲ってくることはまずない。みつけたら種類の確認を。危険なのは猛毒を持つマムシ。頭が三角形で、茶色の地色に黒茶色の斑紋がある。攻撃性が強く、とぐろを巻いたら攻撃のサインなので、すぐに逃げること。もしも、かまれたら、落ち着いて近くの病院へ。慌てると毒の回りが速くなる。

●クマ

通常は人の匂いでクマは逃げ出すが、冬眠前や冬眠明けの空腹状態や子連れ、手負いのクマは危険。また、うっかり人間に近づきすぎた場合も攻撃してくる。クマの出そうな山では、クマ鈴をつける、歌いながら歩くなどして、こちらの存在を知らせること。

●ケモノ

野生動物にえさをあたえたり、食べ残しや生ゴミをテントの回りに出しておいたりするのはＮＧ。食べ物の匂いが動物を引き寄せる。

●サル

目を合わせると歯をむいて向かってくるので、かまわないようにすること。食べ物を見せてもいけない。

●イノシシ

夜行性なので昼間は安全。こちらが驚かさなければ、襲ってくることはほとんどない。もしも、夜道で襲われそうになったら、走ってくる方向を見て横に逃げる。イノシシは走り出すと曲がれないからだ。

●野犬

野犬はペットの犬とは違う。人を信用せず、食べ物をねらって人間を襲ってくる。後ろからの攻撃に気をつけて追い払うか、食べ物を与えてその隙に逃げる。

Column

旅行会社ツアーやプロガイドを利用するために

旅行会社が主催している山登りツアーを利用するのもひとつの方法です。目標の山に手っ取り早く行けるでしょう。ただ、参加者のレベルがまちまちなため、限られた時間内で、老若男女が同じペースで、悪天候でも頂上をめざすため、難行苦行の山歩きになってしまう場合もあります。とくに百名山登山というと、登頂することが参加者の目的になります。自分のレベルにあっているか、内容を見極めて利用しましょう。

個人的にプロガイドを利用すれば、費用はかかりますが、安心です。自分またはメンバーの山歴や年齢、目的の山を伝え、必要とあれば目標の山を登る前に行動をともにして判断してもらい、季節を選び、日数に余裕を持たせれば、信頼関係も深まり、安心して目標が達せられます。依頼者へはっきりイエス・ノーが言える人が、信頼できるプロのガイドといえます。ガイドについてはプロガイド協会に問い合わせを。

また、地元の山岳会が行う講習会に参加したり、または山岳会に入会して山の基本は学ぶことができますが、年齢制限をもうけている会もあります。問い合わせてみましょう。

第9章

ちょっと知っておくと安全。クライミング・ギアの基礎知識

ザイルを使った山登り

使用目的・種類	小さな荷物の結束やテントの張り綱には直径6mm程度の細引きを各自３～２ｍを常に持参。行動中の安全確保やロッククライミングには10mm前後で強度のあるものを。
管理・保管	両端がほつれないように、結ぶ、テープで巻く、火で溶かして固めておく。使用前、使用後には傷がないか点検を。
3原則	保管するときはねじれを直し、汚れを落としておく。濡れていたら日陰で乾燥を。

非常時には細引きをザイル代わりに使える。各自持参のものを継ぎあわせ、２本どりにして利用する。

アウトドア用のロープの中でも、太くて丈夫な直径9~11㎜のものを一般的にザイルと呼びます。登山でザイルを使うのは、おもに岩登り。パーティのメンバーがお互いにザイルで体を確保しあって交互に登り、墜落に備える。木や岩などに固定したザイルを使って降下するなど、欠かせぬ装備です。

　ほかには、沢登りで、岩や急流を越えるとき、雪山や岩稜を歩くときなどにも、仲間同士がザイルを使って助けあいながら進みます。ザイルの使用には命がかかっており、高い技術と知識が必要です。

ここがポイント!

1. 事前に講習を受けておく
2. 結び方、つなぎ方を覚えておく
3. 岩の角ではあて布をする

覚えておきたいロープの結び方

ほかのものを固定する

ふた結び

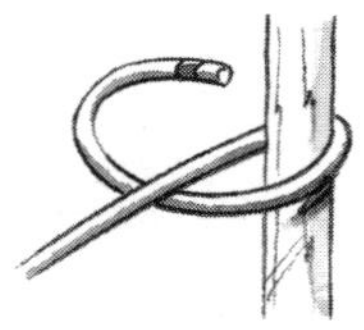

①端を元の下に通し、輪の中にロープを通す

②端の元を図のように巻く

③端を引いて締める

④完成

巻き結び

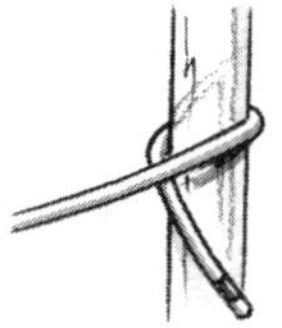

①ロープをかけ、端を元の上方にまわす

②端を図のように通す

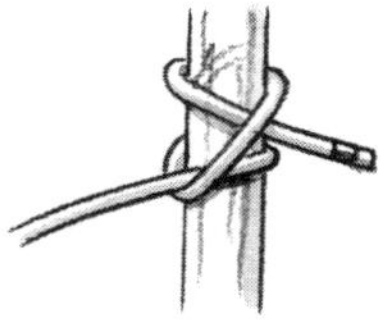

③端と元を引いて締める

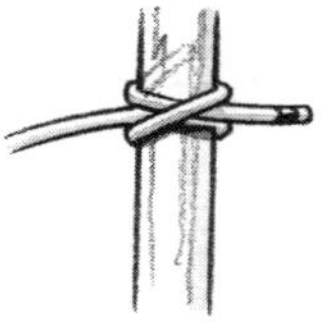

④完成

つなぐ

ひとえつぎ

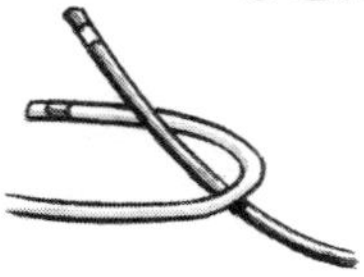

①一方のロープを折り曲げ、そこからロープを図のようにからませる

②2本のロープの端、元を引いて締める

③図のように端を通す

④完成

輪を作る

もやい結び

①輪を作り、端を通す

②端を元の下に通し、再び輪に通す

③輪の大きさに注意しながら端を引く

④末端を止め結びにしておく

雪渓や雪原の楽しみ方

ここがポイント!

1 初心者は安全な場所で楽しむ

2 ステップの切り方を知る

3 アイゼンの使い方を知る

雪渓とは、春・夏になっても雪や氷が解けずに残っている渓谷です。同じ残雪でも、谷ではなく斜面や平地に雪の残った場所を雪田と呼びます。いずれも固い雪や氷の残った場所では、滑らないようにアイゼンを装着します。雪渓の表面上はしっかりしているように見えても雪渓の内部には、雪が解けてできた空洞や、クレバス（割れ目）が点在していて、踏みぬいたり転落すれば命にかかわります。

また、落石の危険もあります。雪渓を歩くには、安全なルートを確認する知識と経験が必要です。

●アイゼンの選び方

雪や氷など残雪期を歩くときは、靴本体のままだと滑ることがあります。そんなとき靴の底に爪をとりつけて、滑らないようにするのがアイゼンです。バンド式とワンタッチ式があります。爪の本数も４本から14本とさまざまです。

アイゼンは靴と組み合わせるので、購入するときは自分の登山靴を店に持参し、どのような状態の山に登るのかをスタッフに説明し、相談して選んでもらいましょう。

●使い方の注意

爪をつけた分、靴の高さがあります。アイゼンをつけていないときより、心持ち、足を上げる感じで歩きます。アイゼン歩行の練習を繰り返し行いましょう。

アイゼンをはずしたら、必ず保管袋にいれ、ザックに収納を。手に持って歩くと、もし転倒したときにケガします。また、トイレや小屋を使用するときは、必ずアイゼンをはずしてから入るように。

145　第9章　ちょっと知っておくと安全。クライミング・ギアの基礎知識

雪山を楽しむ

アイゼン歩行

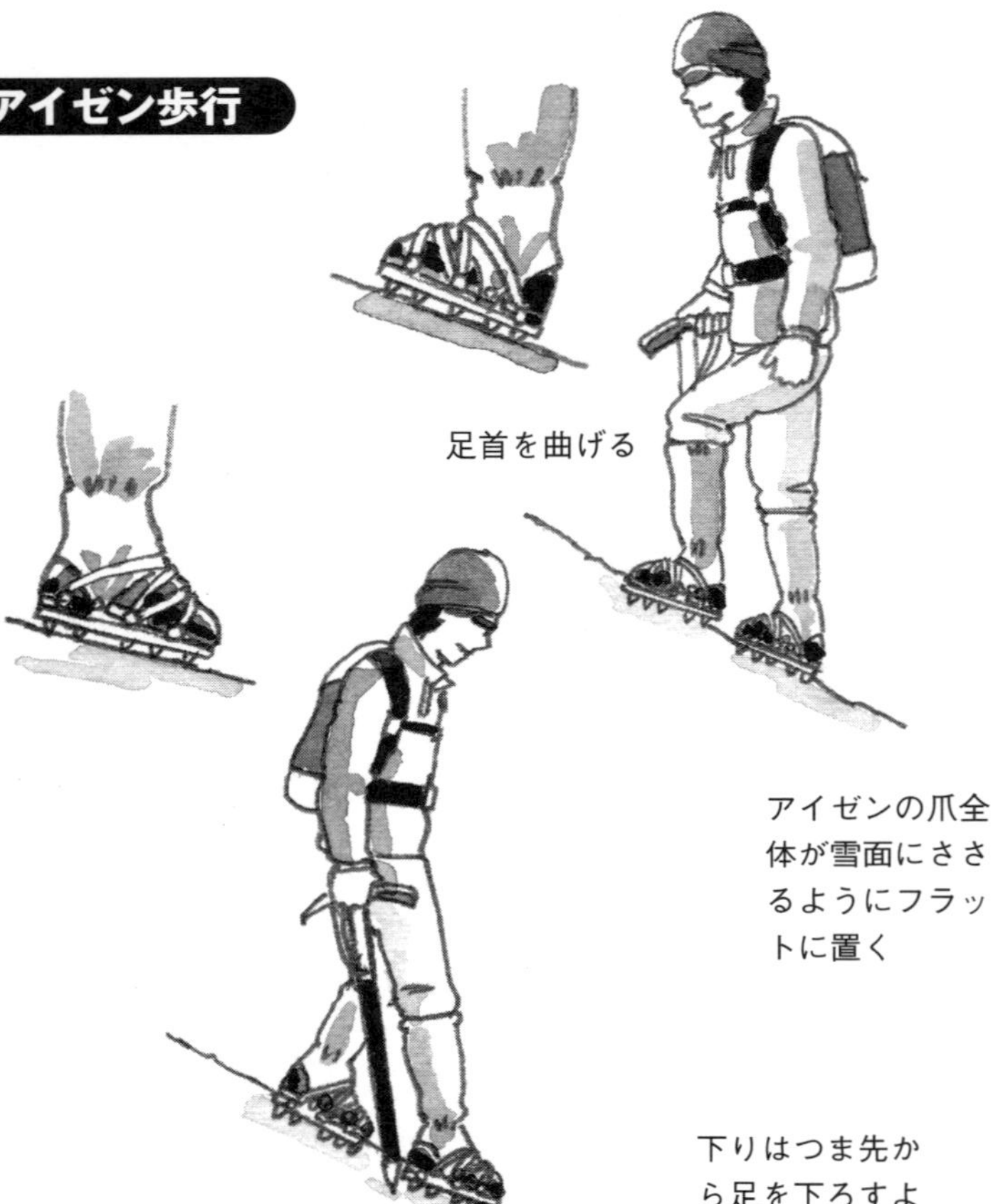

足首を曲げる
アイゼンの爪全体が雪面にささるようにフラットに置く
下りはつま先から足を下ろすような気持ちで

雪山を登るには滑落などを防止するために、しっかりしたアイゼン、体のバランスを取り確保するピッケルなどの装備が必要です。

時にはラッセルで深い雪をかき分けながら進んだり、吹雪や霧で視界を失うホワイトアウトに遭遇したりする雪山登山は、体力、技術、意識、精神力がなくてはできません。初心者は登山教室や、山岳会の講習会に参加するところから始めましょう。スノーシューで雪原を歩くスノートレッキングなら初心者にも楽しめます。

ここがポイント!

1. 初心者は山ろくで楽しむ
2. 山ろくで体験し、技術をつける
3. 必ず指導者の元で行う

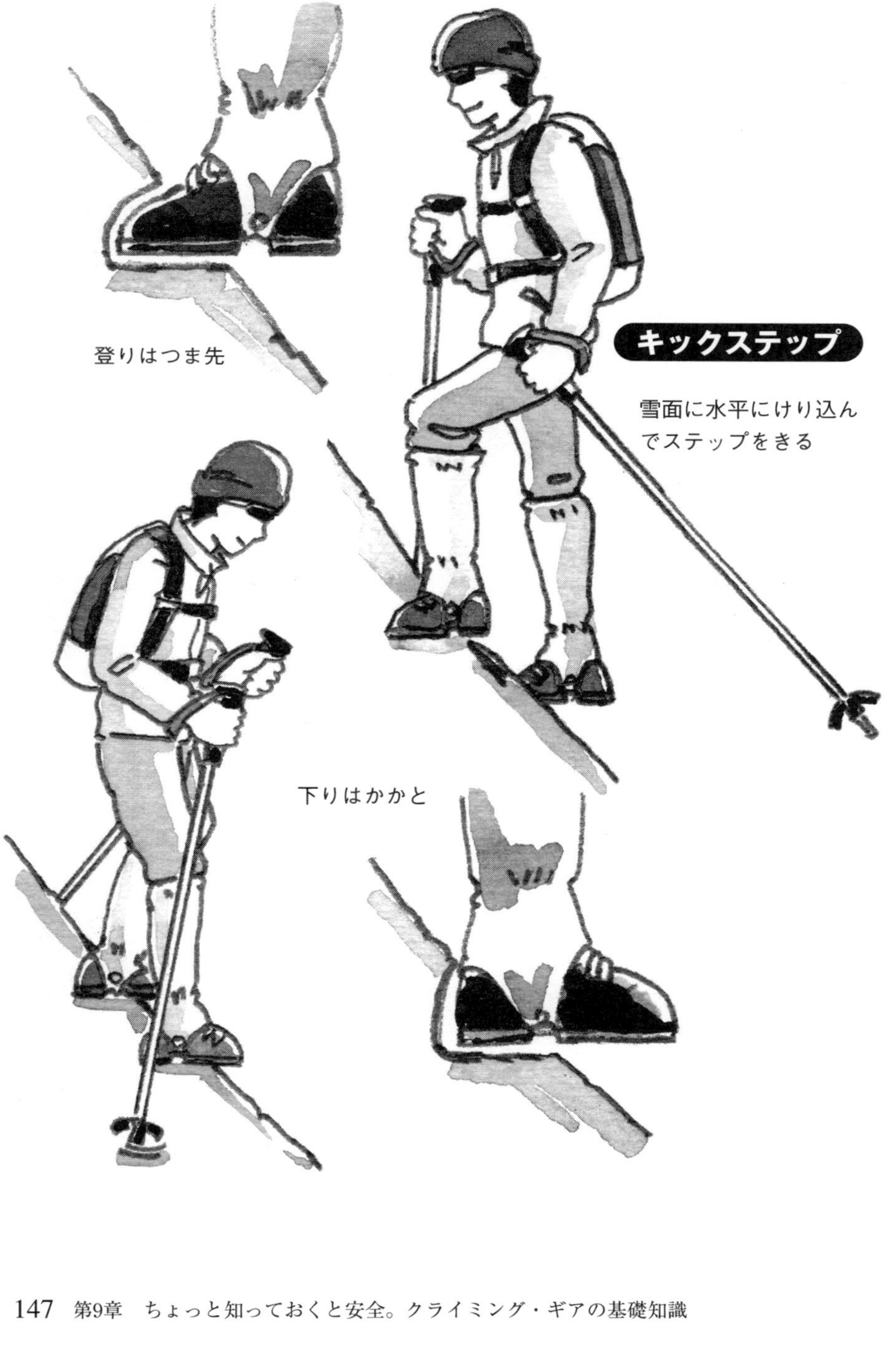
登りはつま先
キックステップ
雪面に水平にけり込んでステップをきる
下りはかかと

ピッケルの役割を知っておこう

ここがポイント!

1 事前に使っておく

2 持ち方をマスターしておく

3 慎重に使う

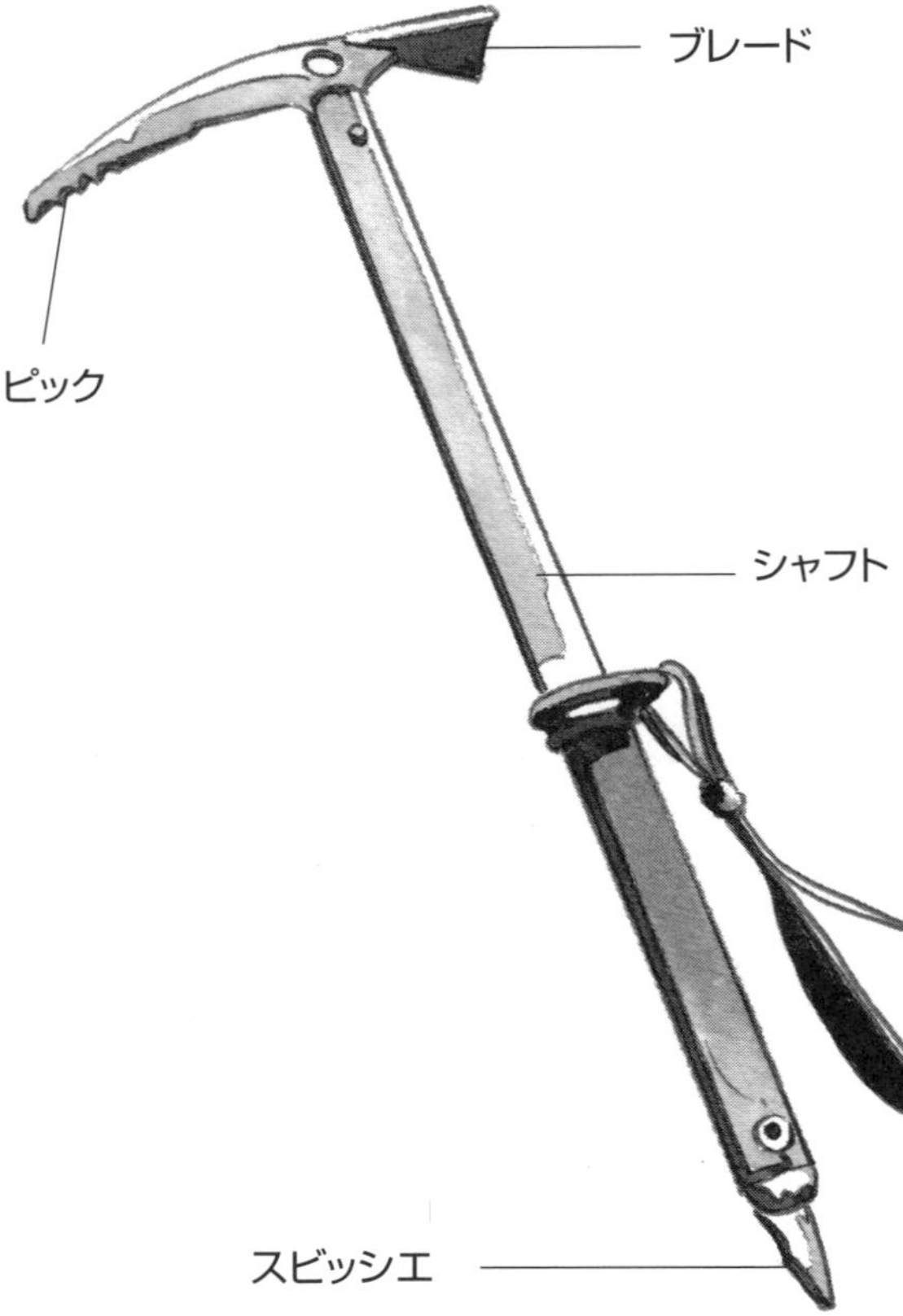

ピッケルは冬山で氷壁の足場をカットしたりバランスを取る杖として使います。また、万が一滑落したときには、氷や雪に打ち込んで滑落を止めるブレーキの役目も果たします。

ピッケルで2点支持をしながら歩くと、不安定な雪原や急斜面での動作が楽になります。ピッケルは大きく分けて、縦走用、雪稜登はん用、氷壁用の3種類があり、それぞれの用途に応じて長さやピックの角度が異なります。目的にあったピッケルを選び、使い方をマスターしておきましょう。

ピッケルの使い方の基本

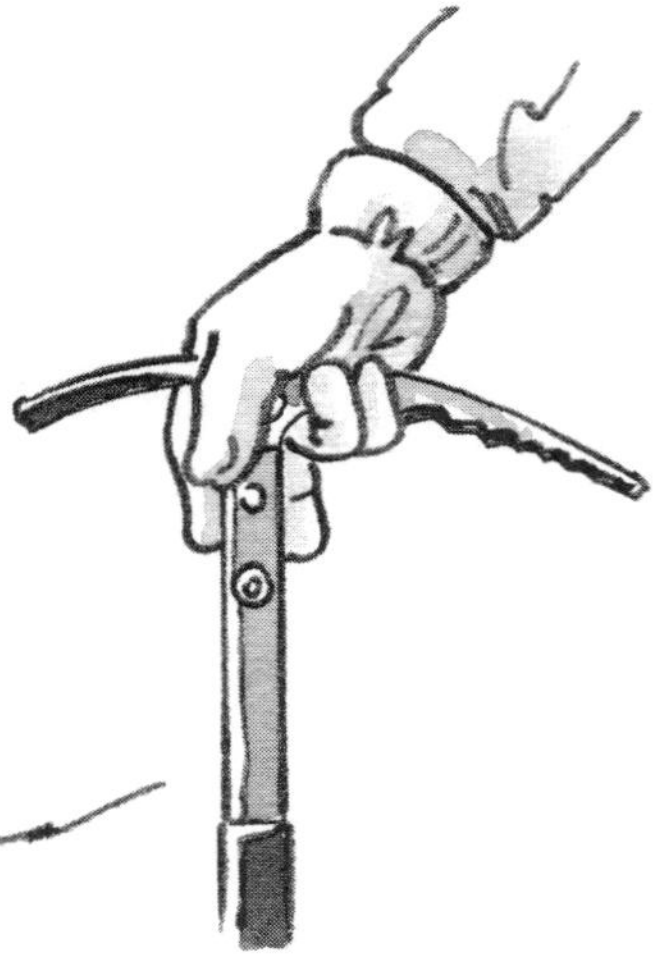

ピッケルの持ち方

ピッケルの持ち方や使い方は現場の状況や個人の技量にもよる。ピックが前か、ブレードが前かはケースバイケース。自分の登山歴、どんな山でどの季節にピッケルを使うか、登山専門店のスタッフに相談して選ぼう。

斜面が急で、深い雪の場合はピックを雪面側に向ける

現在のピッケルはシャフトが短く、深い雪や下山の際の急斜面のグリセードには不向き。用途により細分化されている。

経験を積んで挑戦！

ここがポイント！

1 初心者には危険、経験を積んでからに

2 必ずベテランと行動を共にする

3 地上でトレーニングを

山歩きを始めると、今度はこれに挑戦！　と目標が高くなっていきます。ただ、岩登りや沢登りなどは経験者でも命を落とすことがあるものです。初心者は経験を積んでから、ベテランに教えてもらいながら、慎重に始めるべきです。最初は地上でトレーニングをすることも大切です。

道ではなく険しい岩場を登り下りする、いわゆるロッククライミングにはふたつのジャンルがあります。ひとつは、ザイルやハーケンなどの登はん用具を使って登るアルパインクライミング（人工登

はん)。
もうひとつは、ザイルなどで体を確保しつつ、実際の登り下りは、道具は一切使わず岩の角や段差などを利用して自力で行うフリークライミング(自由登はん)。岩登りには、ザイルやカラビナ、靴底がフラットで滑りにくいクライミングシューズ、ヘルメットなどの用具を使います。
沢筋をさかのぼる沢登りは、道なき道を行く冒険です。水流で変化するコースを探して濡れた岩場を歩き、ときには流れを横切り、滝を垂直に登り(直登)、滝が登れない場合は、崩落しやすい急斜面(草付き)を登って滝の上をめざす「高巻き」を行ったりします。

夢がふくらむ海外の山 登山とトレッキング

ここがポイント!

1. 現地の情報を集める
2. 文化、慣習などをチェックしておく
3. 高山病対策を

世界はグローバル化で、自由に海外の山々へ行くことができます。山専門の旅行会社や公募登山による８０００ｍ級の高峰もやる気とお金があれば、夢がかなえられる、よき時代です。もちろん初心者がすぐ飛びつくわけにはいきませんが、２５００〜３０００ｍの山ろく歩きで、ヒマラヤのジャイアツを眺めながらのトレッキングは可能です。日頃のトレーニングや環境に順応する能力も身に付けましょう。「どこでも眠れる、何でも食べられる少しのことで動じない神経があれば夢はかなえられ

プランニングの留意点

1. 目的の国の治安状態、天災による状況把握。危険と思われたら中止する。

2. 北半球か南半球かで、季節は正反対であることに注意。

3. 目的の山の標高を確認、高度への知識と対応の仕方を学び、準備しておく。

4. 年末年始、連休、夏、冬休み、現地のバカンス期も極力避ける。

5. 時差の確認。現地との差が大きい場合、初日の行動は、無理の無い計画を。

6. 山で荷物を運ぶポーターが利用できるかを確認。

7. 目的の国の歴史と文化、宗教、慣習などを事前に学んでおく。（例：ネパールでは、子どもの頭に手をかけるのは禁物。あいさつは両手をあわせてナマステなど）。
生活習慣も知っておこう。疲れたときに食べなれないものはのども通らない。体力の消耗は事故につながる。国によって持ち込み禁止の食品もあるので、注意。

8. 現地での健康管理。便秘と下痢に注意。生水は飲まない、煮沸する。屋台の食べ物、飲み物は口にしないほうがよい。海外ではひとりひとりが親善大使という自覚を。

海外の山では高度に注意

海外登山の場合、3000ｍ以上はゆっくり高度をあげる。宿泊高度は一日300ｍ以上高くしない。症状が悪化するときは下山する。水分を十分にとる。呼吸は口をすぼめ、深く少し早い呼吸を。6000ｍ以上の滞在が長引くと、体が衰弱する。高山病の予防薬（ダイアモックス）があるので、事前に医師の診察を受け服用しておくことも考えておきましょう。
高山病は個人差もあり、疲労、睡眠不足が大敵。加齢によって発症してから帰国後１か月ほど倦怠感と虚脱感に悩まされることがある。そんなときは酸素吸入を受け入れる。

る」ものです。

旅行会社選びはインターネットやパンフレットなどの利用で情報は得られますが、参加した人の口コミは重要です。個人で参加する場合は、事前打ち合わせ会に参加し、計画日数に無理がないか、メンバーの年齢、宿泊地のホテルやテントなどの状態。ルームメイトの確認など、担当者とよく話し合い、信頼関係を深めましょう。中高年の場合、慣れない風土、食事、対人関係での心身の疲労が病気の引き金になったり、事故につながります。仲間がいれば支えあえる利点はありますが、順応性、協調性があれば、信頼できる山仲間作りのきっかけにもなります。

登山計画書を作る

ここがポイント!

1. 誰にでもわかるように書く
2. 提出用の他、留守宅用のコピーも作る

登山計画書とは、山行の計画をまとめて明記したもの。日程とルート、緊急下山の場合のルート、メンバーの名前と住所、緊急連絡先などを書いて、目的地付近の警察、または登山口に設置されたボックスに届け出ます。遭難した場合にはそれをもとに捜索が行われるので、誰が見てもわかるように書くこと。登山計画書ができたら、パーティのメンバー全員で確認しましょう。みんなで山行の目的を確認しておけば、チームワークも取りやすくなります。

登山計画書	（○年○月○日提出）
入山地域：八ヶ岳	
ルート：美濃戸口～赤岳鉱泉（1泊目）～硫黄岳～横岳～三叉峰～赤岳頂上小屋	
（2泊目）～中岳～御柱山～美濃戸口	
宿泊地：赤岳鉱泉（1泊目）	
赤岳頂上小屋（2泊目）	
美濃戸高原ロッジ（予備）	
日　程：○年○月○日～○年○月○日（2泊3日予定）	
備　考：天候、メンバーの体調等を考慮し、地蔵仏から地蔵尾根を抜け、ゲート	
を通って美濃戸口へ下山する場合あり。	
装　備：食料2日分強。薬（○○、△△）	

名前	年齢	血液型	住所	電話番号
緊急連絡先：				

留守番の家族を心配させないように、家にもコピーを置いて出かけましょう。

道に迷ったら

ここがポイント！

1 不安な場合は、すぐ引き返す

2 迷ったら登る

3 悪天候では待機

道標を見落として歩いているうちに道がなくなった、濃霧や藪で目標物を見失った。そんな時には、止まって地形図とコンパスで現在地の確認を。ルートを外れていたら、きた道を道標のある地点まで戻ります。

完全に迷ったら、下に下ってはいけません。急流や谷などで身動きが取れなくなってしまいます。尾根をめざして歩き、高いところから目標物を探します。

濃霧の中では方向感覚が失われるので、メンバー全員でその場に留まって、霧が晴れるまで待機を。

なるほどコラム

遭難したら、助けを待つか、救援を求める

遭難したら、霧や雪、夜で身動きがとれない場合はパーティ全員が集まり、まず助けを待つことです。やむなく露営する場合は、寒さや雨露をしのげる場所を探します。飲料や食料の残りを確認しておきます。見つかりやすいように、近くに何かしらの目印を残しておくことも大切です。

朝になって天候が回復したら下山をしましょう。メンバーの体力が残っていなければ、安全な場所まで移動させ、体力のある経験豊かなメンバーが救援を求めましょう。みんなのいる場所を正確に把握して、知らせるように。

もしもを考えて山岳保険に入る

ここがポイント!

1 捜索には巨額の費用がかかる

2 保証内容をよく読んで保険を選ぶ

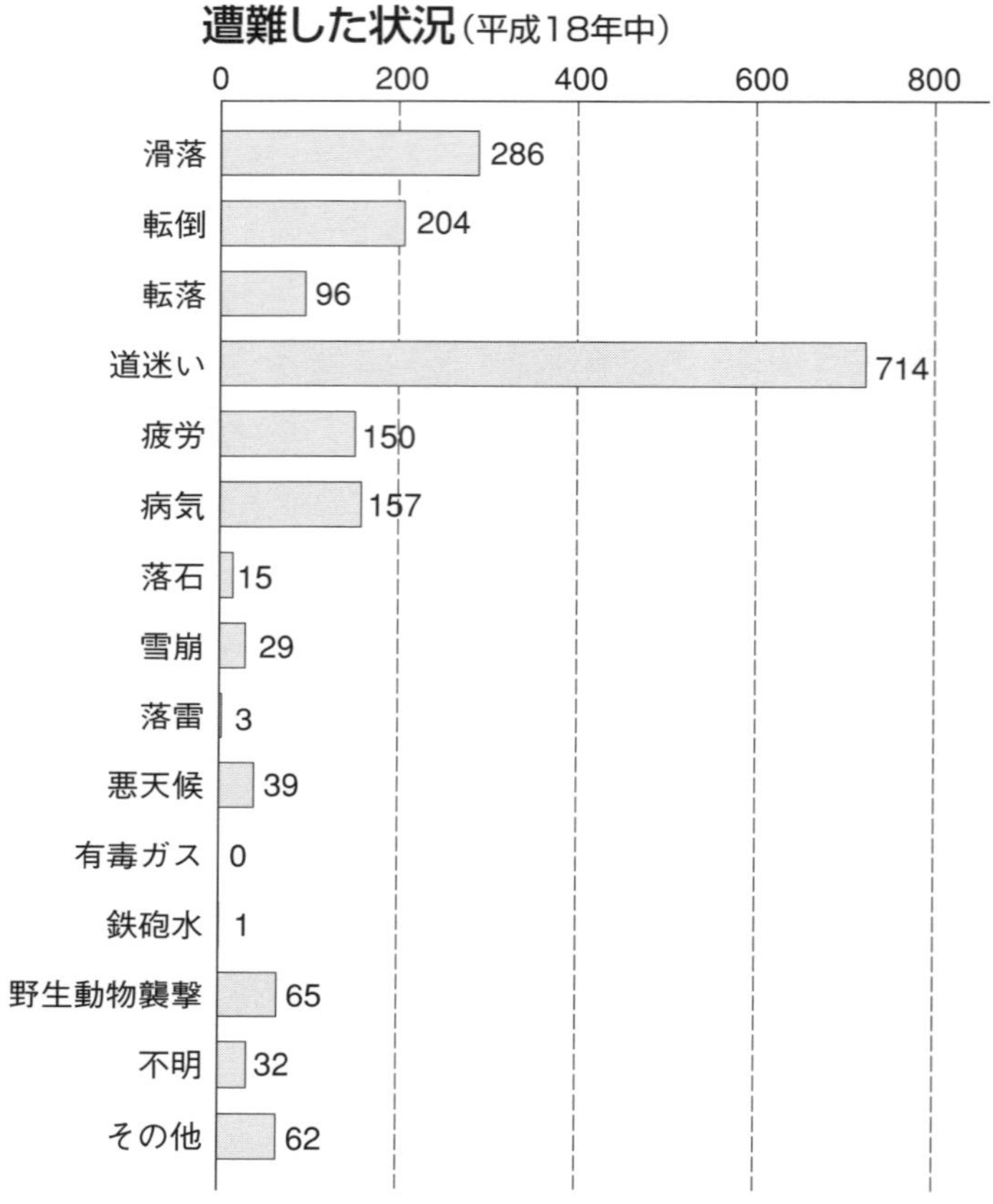

遭難した状況（平成18年中）
0
200
400
600
800
滑落 286
転倒 204
転落 96
道迷い 714
疲労 150
病気 157
落石 15
雪崩 29
落雷 3
悪天候 39
有毒ガス 0
鉄砲水 1
野生動物襲撃 65
不明 32
その他 62

（「平成18年中における山岳遭難の概況」（警察庁生活安全局地域課）平成19年6月）

もしも遭難してしまったら、捜索・救助をしてもらわなくてはなりません。地元の山岳会による捜索隊や、民間のヘリコプターが出動した場合は、数十万から数百万の捜索費用が必要となります。山岳・ハイキング保険は捜索、救助費用をメインにカバーしてくれる保険です。損害保険会社が発売している登山・ハイキング保険、山岳団体などで作っている共済型などがあり、さまざまな契約、保証内容があります。安心して山歩きを楽しむためにも、家族のためにも、自分にあった保険に加入を。

小倉董子（おぐら・のぶこ）

早稲田大学山岳部初の女性部員。昭和32年、早大赤道アフリカ遠征隊に参加し、キリマンジャロ登頂。以後、ニュージーランド、南米縦断、東欧、サハラアドベンチャードライブ、トレッキングなど世界各地を探訪。登山同好会ACC紫蘭会会長。文部科学省登山研修所元専門委員、運営委員、森林インストラクター審査委員、日本山岳会永年会員。朝日カルチャーセンター講師。著書に『女の山歩き、山登り』（山と渓谷社）、『山歩き讃歌』（共同通信社）、『これなら安心　山歩き入門』（主婦と生活社）、他多数。日本エッセイスト・クラブ会員。
http://www.tees.ne.jp/~oriental/ogura

装丁　カメガイ デザイン オフィス
写真　田中康弘
本文イラスト　アトリエKAN、及川達郎、加藤友佳子
構成　大里恵利
本文デザイン　バラスタジオ
校正　黒石川由美
編集協力　オフィス201
編集　福島広司、鈴木恵美（幻冬舎）

知識ゼロからの山歩き入門

2007年10月10日　第1刷発行
2021年7月30日　第3刷発行

著　者　小倉董子
発行人　見城　徹
編集人　福島広司

発行所　株式会社 幻冬舎
〒151-0051　東京都渋谷区千駄ヶ谷4-9-7
電話　03-5411-6211（編集）　03-5411-6222（営業）
振替　00120-8-767643
印刷・製本所　株式会社 光邦

検印廃止

ISBN978-4-344-90108-7 C2095
Printed in Japan
幻冬舎ホームページアドレス　https://www.gentosha.co.jp/
この本に関するご意見・ご感想をメールでお寄せいただく場合は、comment@gentosha.co.jpまで。

過去10年間の山岳遭難発生状況

区分（平成）	H9	H10	H11	H12	H13	H14	H15	H16	H17	H18
発生件数	815	1077	1195	1215	1220	1348	1358	1321	1382	1417
遭難者数	961	1341	1444	1494	1470	1631	1666	1609	1684	1853
死者、不明者	197	251	271	241	243	242	230	267	273	278
負傷者	419	439	555	635	615	684	677	660	716	648
無事救出等	345	651	618	618	612	705	759	682	695	927

（「不明者」とは行方不明者を示し、「無事救出等」には自力下山を含む）

年齢別発生人員（平成18年中）

年齢	人数
15歳未満	55
15〜19	23
20〜24	52
25〜29	53
30〜34	73
35〜39	90
40〜44	88
45〜49	85
50〜54	166
55〜59	259
60〜64	292
65〜69	243
70〜74	196
75〜79	116
80〜84	38
85〜89	18
90歳以上	6

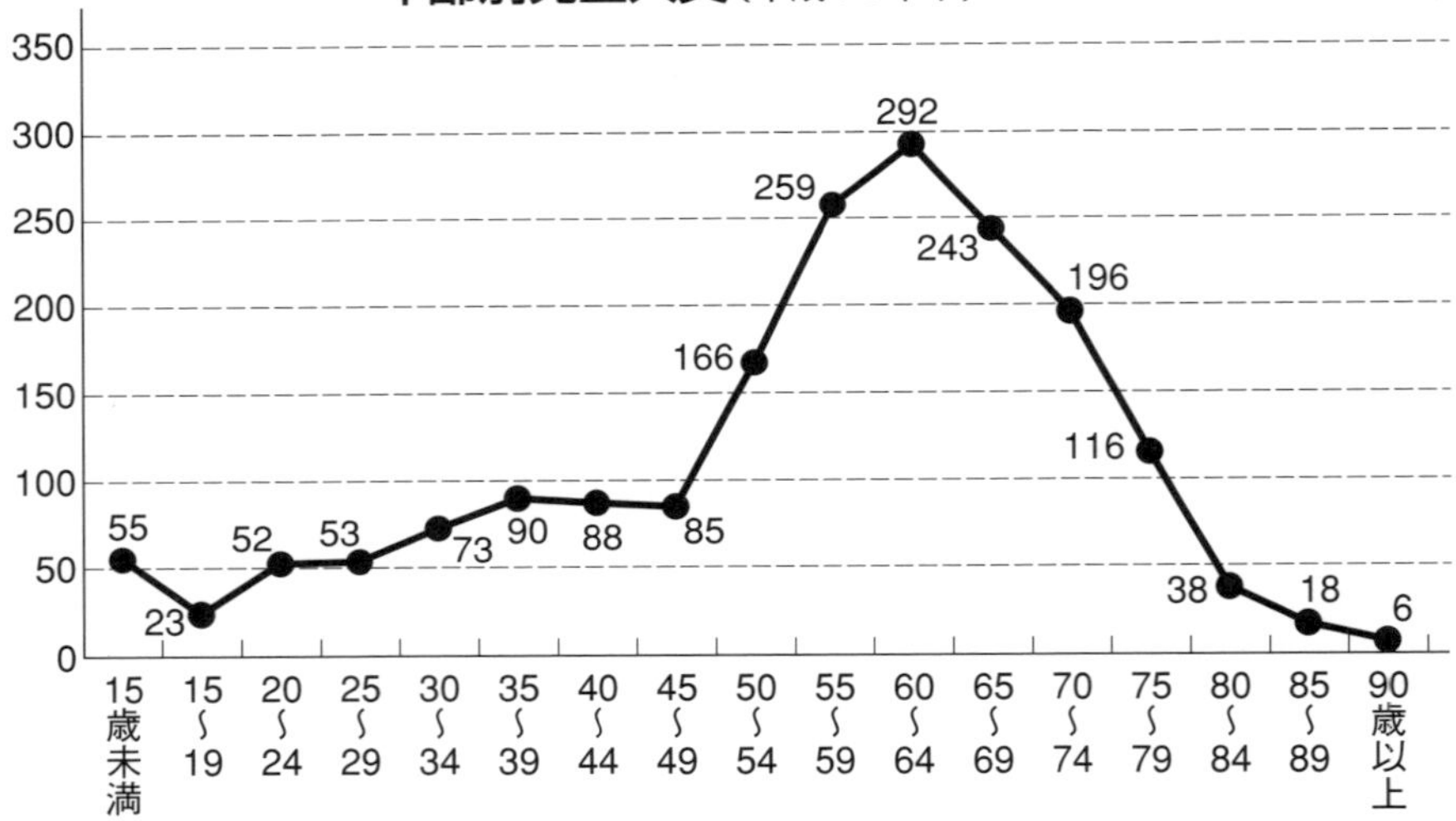

なるほどコラム　低い山でも、あなどるなかれ

　遭難は雪山や標高の高い山でおこるものと思いがちですが、実はそうではありません。夏山でも、低い山でも遭難者はでます。逆に低い山だからこんな装備でも大丈夫、という気持ちが落とし穴になります。1000mに満たない山でも、道に迷い下山できず、一晩過ごしたという事例も多いものです。防寒着、非常食、ヘッドランプ、携帯電話などを必ず用意するのは山の鉄則。

　また、山道は必ず地図やコンパス、指標で現在地を必ず確認しながら進みましょう。